U0928431

珍藏本
纪念版

汉译世界学术名著丛书

精神分析引论新编

〔奥〕弗洛伊德 著

高觉敷 译

2017年·北京

Sigmund Freud

NEUE FOLGE DER VORLESUNGEN ZUR EINFÜHRUNG IN DIE PSYCHOANALYSE

Vienna，1933

据纽约诺顿公司出版的 SPROTT 译 1933 年英译本
New Introductory Lectures on Psycho-analysis 译出

汉译世界学术名著丛书
（120 年纪念版·珍藏本）
出 版 说 明

2017 年 2 月 11 日，商务印书馆迎来 120 岁的生日。120 年前，商务印书馆前贤怀揣文化救国的理想，抱持“昌明教育，开启民智”的使命，立足本土，放眼寰宇，以出版为津梁，沟通中西，为中国、为世界提供最富智慧的思想文化成果。无论世事白云苍狗，潮流左右激荡，甚至战火硝烟弥漫，始终践行学术报国之志，无改初心。

迻译世界各国学术名著，即其一端。早在 20 世纪初年便出版《原富》《天演论》等影响至今的代表性著作，1950 年代后更致力于外国哲学和社会科学经典的译介，及至 1980 年代，辑为“汉译世界学术名著丛书”，汇涓为流，蔚为大观。丛书自 1981 年开始出版，历时三十余年，迄今已推出七百种，是我国现代出版史上规模最大、最为重要的学术翻译工程。

丛书所选之书，立场观点不囿于一派，学科领域不限于一门，皆为文明开启以来，各时代、各国家、各民族的思想与文化精粹，代表着人类已经到达过的精神境界。丛书系统译介世界学术经典，引领时代思想，为本土原创学术的发展提供丰富的文化滋养，为推动中国现代学术和现代化进程做出了突出的贡献。

为纪念商务印书馆成立120周年，我们整体推出“汉译世界学术名著丛书”120年纪念版的珍藏本，寄望既利于文化积累，又便于研读查考，同时向长期支持丛书出版的译者、编者和读者致以敬意。

两甲子后的今天，商务印书馆又站在了一个新的历史时间节点上。我们不仅要铭记先辈的身影和足迹，更须让我们的步伐充满新的时代精神。这是商务人代代相传的事业，更是与国家和民族的命运始终紧密相连的事业。我们责无旁贷，必须做好我们这代人的传承与创造，让我们的努力和成果不仅凝聚成民族文化的记忆，还能成为后来人可以接续的事业。唯此，才能不负前贤，无愧来者。

商务印书馆编辑部

2017年10月

译　　序

高　觉　敷

弗洛伊德的《精神分析引论新编》原名 Neue Folge der Vorlesungen zur Einführung in die Psychoanalyse，1933 年出版于维也纳；同年由斯普洛特译成英文，名 New Introductory Lectures on Psycho-analysis，在纽约出版。中译本是根据英文本重译而成的，初版刊行于 1936 年。

《精神分析引论》中译本于 1984 年修订出版。《新编》是《引论》的姊妹编，在内容上涉及问题较多，对精神分析有较大的代表性。唯因《新编》有不少可议之处，如果逐一评论，则为译序篇幅所不许，置而不论又怕某些谬种流传，不利于我国社会主义精神文明的建设。因此，决定先对新编七讲分别作一简介，其次采取“射人先射马”的方法，评介弗洛伊德的学术观点，从而批判他的战争心理学，反马克思主义思想和妇女心理学。

一、《精神分析引论新编》内容简介

《精神分析引论新编》计分七讲。第一讲除重述《引论》中梦的理论要点以外，兼及有关梦的实验，并增加若干种梦的象征。

第二讲由梦的分析，探究奥秘的知识，是“超心理学”(metapsychology)或“灵学”(Parapsychology)的题材。

第三讲提出了人格的三部分,即自我、伊底和超我,并论述这三部分与意识,前意识及潜意识的复杂关系。这是弗洛伊德的自我心理学或人格心理学,是《新编》重要的一章。利伯特(R. M. Liebert)和尼尔(J. M. Neale)的《现代心理学》(Psychology, A Contemporary View,1976)指出,“维也纳医生弗洛伊德首创当代第一种人格心理学说,即精神分析说,对我们的人格心理学、变态行为、儿童抚养实践,甚至实验心理学的思想都产生了巨大的影响。”①

第四讲修改了焦虑的旧说,提出了焦虑的新说或第二说。旧说以为恋母情结受了压抑以后产生了焦虑。新说认为焦虑是警告自我将有危险到来的信号,这个危险就是阉割、或割势。儿童玩弄生殖器时,父母曾以阉割威胁他们。这是阉割情结的来源。因此不是压抑导致焦虑,而是焦虑导致压抑。法因(R. Fine)赞赏了这个新的焦虑说,认为“弗洛伊德的第二说首次发表于1926年的《制止、症候与焦虑》(Inhibition, Symptoms and Anxiety),事实上被普遍接受了,没有遇到敌对的学说,仅仅是经过许多方面的加工而已。”②

第五讲妇女心理学是他受了父权社会大男子主义流毒写出来的一章。我的《引论》译序出版以后,有一好友来信说,“《引论》译序对弗洛伊德的四点批评意见无懈可击,唯憾未把他作为反面教

---

① Liebert and Neale: *Psychology*, p. 315.

② R. Fine, *A History of Psychoanalysis*, 1979.

员来批”。现在他的妇女心理学确可视为西方心理学反面教员的典型了。

第六讲篇幅较长，首先是他对辱骂分析者的批驳，第二他讥讽阿德勒的个体心理学的浅陋，似乎阿德勒诊断各种神经症的原因均为补偿缺陷的向上意志是完全错误的。这个批评是不很公允的。很明显，这反映了弗洛伊德本人胸襟褊狭，不容异己，不善于团结人的性格。

其次，本讲对儿童教育的某些建议也有可供借鉴之处，例如他说，“儿童须学习控制其本能。”“完全自由可使父母无法过活，儿童也必在当时及其后深受其害；反之，一味抑制也可有招致神经官能症（简称神经症）的危险。因此，教育必须于自由和禁止之间，采取中庸之道。”虽然如此，但他是资本主义制度的热情的拥护者，对他的教育主张也须予以阶级的分析。

第七讲涉及世界观问题，是理解弗洛伊德的思想体系的重要的一章。他首先为世界观下一定义，说它是一种理智结构，包罗万象的学说，为存在有关的问题提出统一的解答，然后肯定精神分析是心理学的一个分支，必须接受一般科学的世界观。他认为宇宙的知识不是得自天启，而是得自理智的观察，并坚持科学有批评哲学和宗教的权利，而尤以宗教为科学的敌对势力。因为哲学只引起少数学者的兴趣，至于宗教则可影响人类最强烈的情绪，以致宗教信仰深入人心。

他对宗教的起源，宗教与泛灵论的关系，宗教对人类的威力，福善祸淫的说教，都作了饶有趣味的评论。最后，他指出宗教的欺诈性。“宗教断言只要人们完成某些伦理的义务就将予以保佑和幸福。”然而“有时狡猾凶恶之人反能得到世上一切可欲之物，而圣洁贤士却两袖清风，一无所得。”黑暗冷酷的势力决定了人之命运，而宗教所称的“统治人世善恶的赏罚制度则似不存在。”总之，弗洛伊德是维护科学的世界观而反对宗教的世界观的。

本讲还评论了另外两种世界观，即无政府主义和马克思主义。他否定了无政府主义，对马克思主义也怀着敌对的态度。他把马克思的历史唯物主义误解为经济决定论。

二、弗洛伊德的学术观点

1. 弗洛伊德(S. Freud，1856－1939)由于受了布吕克的影响走向机械唯物主义。

弗洛伊德的职业是治疗神经症的医生，但是他在维也纳大学求学时，却对行医不感兴趣，其所以终于当医生，则由于接受其师布吕克(E. Brücke)的劝导。据他自述，他在青少年时，对生活于其中的世界之谜，感到有了解它的强烈兴趣。他以为要获得这种了解，最有希望的途径是考入医学院学习。但他在入学以后，对动物学和化学的探索成绩不佳。最后，他得到了对他影响最大的权威学者布吕克的教导，才决心专攻生理学，尽管那时这门科学还太褊狭，仅局限于组织学。他原欲献身于科学理论研究，但是布吕克认为他受经济条件的限制，不宜于从事纯理论的专业，因此，他从神经系统的组织学转治神经病理学，后来由于新的需要，开始治疗神经症。[①] 可证明布吕克对弗洛伊德的师生之谊是很深厚的。弗

① E. Jones, *Frend* I, pp. 28－29.

洛伊德自称只有在布吕克生理学研究室内才得到了安身立命之处。

布吕克是怎样的一位生理学家呢？他和赫尔姆霍茨(H. L. F. V. Helmholtz)，路德维希(C. F. W. Ludwig)，杜布瓦—莱蒙(E. du Bois-Reymond)四人都是19世纪伟大的生理学家约翰内斯·缪勒(Joh. Müller)的弟子。他们有共同的志愿，反对唯心主义的生机论。布吕克和杜布瓦—莱蒙于1845年撰文宣称："有机体内除常见的物理化学的力在起作用外，别无其他的力。对于那些一时不能用这些力解释的事例，他们要用物理数学的方法寻求它们活动的特殊力式，或者假定有一种新的力，可归结为引拒力，与物理化学力有同等的科学性。"①波林的《实验心理学史》在论述了这四位生理学家的反生机论联盟后，指出"布吕克并收了一个新学生弗洛伊德"。②

布吕克等四位生理学家可说是自然科学的唯物主义者，他们的唯物主义是不彻底的。弗洛姆(E. Fromm)在讨论弗洛伊德的失误的根源时，称布吕克的哲学为资产阶级唯物主义，特别是德国人沃格特(K. Vogt)、摩莱肖特(J. Moleschott)、毕希纳(L. Büchner)一伙所发展起来的学说。他说，"毕希纳(1855)在《力与物质》一书中自称发现没有无物质的力，也没有无力的物质；这个信条在弗洛伊德的时代是广泛流传的。"③弗洛伊德是忠于这个信条的。因此，那时，弗洛伊德可说是布吕克式的唯物主义者。弗洛

① E. Jones, *Freud* I, pp. 40—41.

② 波林:《实验心理学史》中译本第815—816页。

③ E. Fromm, *Greatness and Limitations of Freud's Thought*, p. 5.

姆又说，“弗洛伊德把他的旧说建立在我们不难识别的一种科学模式之上，这就是，他的老师布吕克以及包括赫尔姆霍茨和毕希纳等全体机械唯物主义者的哲学模式。他们把人当作受化学历程支配的机器，感情、情感，情绪都被解释为特殊的，可以识别的生理历程的产物。”①

2. 弗洛伊德的医疗实践与机械唯物主义观点的矛盾。

但是，弗洛伊德所倡导的精神分析的医疗实践，是与布吕克的机械唯物主义有所抵触的。他通过神经症的治疗工作，要以研究人的激情和欲望为目的，重视人的动机或欲望的矛盾，而以自由联想的精神分析挖掘其背后的原因。他告诉那些反对精神分析的人们说，“你们常将机体的机能和失调，建立在解剖学的基础之上，用物理化学的观点加以说明，用生物学的观点作进一层的解释，而从来不稍稍注意于精神方面的生活，不知道精神生活是复杂的有机体最后发展的结晶。”②这个调子与其说是反映洛克的唯物主义的精神，不如说是反映莱布尼兹唯心主义的精神；与其说是继承布吕克的物理学传统，不如说是继承布伦塔诺(F. Brentano)意动心理学的传统。所以弗洛伊德虽不止一次地表示对他的老师布吕克的尊敬，但不是始终坚持他的唯物观点的。因为第一，他的母校维也纳大学要求主攻医科的学生必修哲学三年。弗洛伊德于1874—1875年间，每周要听布伦塔诺讲课一次。③ 布伦塔诺的经验心理学是与冯特的实验心理学对立的。冯特对感知觉进行实验，兼及

① E. Fromm, *Greatness and Limitations of Freud's Thought*, p. 109.

② 弗洛伊德:《精神分析引论》中译本第7页。

③ Jone, *Freud* I, p. 37.

感情,他重在心理内容的研究。布伦塔诺不主张实验而主张经验的观察,认为精神现象是看、听、思维等的活动,而非感知觉的内容。布伦塔诺的意动心理学是不能使弗洛伊德无动于衷的。

第二,弗洛伊德曾与布洛伊尔(J. Breuer)合作,治疗癔病。布洛伊尔对病者施行催眠,使病者诉述童年时已经忘记了的苦恼,尽量宣泄从前不敢表示的情绪冲动,病者的症候就从此消逝了。

第三,弗洛伊德于1885—1886年间在法国受了沙可(J. M. Charcot)、伯恩海姆(H. Bernheim)、李厄保(A. A. Lièbeault)等的启发,认识施行催眠暗示时,医生对病人的观念传递可以治病,突破了德国医生的解剖学的观点,体会到精神疗病学是心理学的一个分支。

3. 他的生物学观点是机械唯物主义的持续。

但是布吕克的唯物观点对弗洛伊德的影响虽不能说根深蒂固,但仍然是时隐时现的。最突出的是弗洛伊德认为心理活动必须有物质的基础。弗洛姆说,"弗洛伊德的目的在于了解人的激情,就是从前哲学家、剧作家、小说家,而不是心理学家或神经学家所关心的激情。弗洛伊德将如何解决这个问题呢?那时关于内分泌对于精神的影响所知甚少,生理与心理相关的现象有一种是人所熟悉的,那就是性。如果我们认为性是一切内驱力的根源,那么学理上的要求就可以满足,精神力量的生理基础也可以被发现了。"①

所以弗洛伊德走向泛性论不是偶然的。同时,沙可治疗神经

① 弗洛姆:《弗洛伊德思想的贡献与局限》,第5页。

症也强调性的病因，更使弗洛伊德得到了有力的支持。

但性与自我是有矛盾的。性是文明社会传统中的禁忌。有修养的文明人往往以自我理想压抑性的冲动。所以性的倾向留存于潜意识的领域，不能擅入意识。《引论》神经症通论中有若干病例的致病原因都是由于自我压抑性的倾向的结果。

弗洛伊德为了维护精神分析法，曾对生物学观点表示不满。但在基本理论上，他正是从生物学观点出发的。他说，"我们以为先将本能区分为两大类，使相当于人类的两大需要——即饥和爱，想必不致有重大的错误。我们在其他方面，虽不愿使心理学依存于他种科学，但是在这方面我们不能不注意下面一个生物学的事实，就是生物个体服务于自存及传种两个目的，这两个目的似各相独立，其起源也各不相同，而就动物而言，其利害更常相冲突。我们在这方面实即讨论生物学的心理学，而研究生命历程的心理的附属物。根据这个观点，我们乃介入'自我本能'和'性本能'于精神分析之内。前者包举个体的生存、延续及发展。后者兼括幼稚的及反常的性生活。我们根据关于神经症的研究乃视自我为压抑的势力，性的冲动为被压抑的势力，结果不仅深知这两类本能的区别，且复深知它们的冲突。我们研究的目标本仅为性的冲动，而称其势力为里比多。"①

同时，弗洛伊德通过几年的临床观察，发现一个人的里比多不一定倾注于其他个体，而先倾注于自己。新生儿先爱自己，后爱他人，特别是他的母亲。这个自爱，弗洛伊德根据古代希腊美少年纳

① 弗洛伊德：《精神分析引论新编》，英文版，第131－132页。

西塞斯顾影自怜的故事，名之为纳西塞斯现象，即自恋现象。据说这个现象始于胎儿期，终生存在。早期的自恋现象，弗洛伊德称之为原始自恋。后来当对象的爱受了挫折时，里比多复倾注于自身，这便被称为后期的病态的自恋。[①]

因此，弗洛伊德以为性和自我不一定是对立的。他修订了他的本能学说。同时，第一次世界大战的灾难给他以很大的冲击。人们为什么在战争中丧尽天良，互相残杀呢？正如《共产党宣言》所指出的，人们的思想观点是随着生活条件的改变而改变的，于是弗洛伊德在否定阿德勒于1908年所提出的攻击冲动之后，只好在1917年予以默认了。他原以为爱和恨都来源于性，现在只得承认恨或攻击不来源于性，而来源于自我保存自己的斗争。他把性和自我合成一种本能，定名为"Eros"或可译为食色本能，并使它与攻击冲动对立起来，造成生本能与死本能的矛盾。

他说，"近来，我提出了一个我要坚持的本能观点，作为未来讨论的基础。依照这个观点，本能分成两种，一种为性本能或食色本能，它是远较显著而远较便于研究的。它不但包括不受抑制的名副其实的性本能和目的改变、带有升华性质的本能冲动，而且包括自我保存的本能，而这种本能原应归属于自我，而且在分析的早期，我们有适当的理由将它与性的对象本能对立起来。第二种本能是不那么容易明确指明的；我们终于认为虐待狂是它的代表。我们根据生物学的理论，作出一种死本能的假设，而死本能的任务就是要将有机的生命导回到无机状态；相反，我们

① B. B. Wolman, *Contemporary Theories and System of Psychology*, p. 230.

假定食色本能把生命实质分散了的微粒，集结起来，构成了复杂化的延续着的生命。”[①]所以弗洛伊德的本能学说从性的一元论到性与攻击本能的二元论，依旧是生物学观点的具体表现，是布吕克的机械唯物主义的继承和发展。

弗洛伊德的这个机械唯物主义观点使他对于人的行为的历史制约性视而不见，似乎人和一般动物无异，都仅靠本能过活。爱的本能使他只知道人不爱己，天诛地灭。攻击本能使他感到无力杀人，只好自杀。所以雅罗舍夫斯基和安齐费罗娃说，“弗洛伊德把人的行为的基本动力置于人的本能范围内，断言人的全部行动在于追求快乐或渴望满足有机体的需要（生的本能）以及追求破坏，侵略，这种意向起初指向周围世界，但由于社会的禁止乃转而指向个人本身（死的本能）。”[②]这在心理学内犯了生物学化的错误，似乎社会和文化对人的行为是不起作用的，生物本能才是人的行为的决定因素，而在弗洛伊德的早期学说中，则以性为重点因素。

4. 弗洛伊德的学术观点果然是机械唯物主义吗？

机械唯物主义与唯心主义本来是貌殊而实同的。费尔巴哈认为“我们的意识和思维，不论它看起来是多么超感觉的，总是物质的、肉体的器官即人脑的产物。物质不是精神的产物，而精神却只是物质的最高产物。”[③]恩格斯肯定他这个观点是纯粹的唯物主义。但是费尔巴哈在上层建筑问题上就显露出他的唯心主义了。所以他是下半截的唯物主义者，上半截的唯心主义者。弗洛伊德

---

① S. Freud, *The Ego and the Id*, p. 30.

② 雅罗舍夫斯基等：《国外心理学的发展与现状》，第 487 页。

③ 《马克思恩格斯选集》第四卷，第 223 页。

不问他的上半截或下半截都是唯心主义者。他研究意识和无意识时，纠缠在无意识的分类问题，说什么依照描述的意义，无意识有两种即前意识和潜意识，依照动力的意义，无意识只有一种即潜意识，[①]但既不牵涉到脑，也不牵涉到外界。所以肖罗霍娃说，“在弗洛伊德的体系中，心理的东西实质上同脑的活动毫无关系，同外界影响也是绝缘的。”[②]

弗洛伊德的自我、伊底和超我也是他的主观想象的产物。所以捧他为心理学史上四大心理学家之一的波林也把这三种东西叫做“幽灵”。他说，“因为精神分析太富于主观色彩，以致在超我、自我和伊底的概念中包藏有‘幽灵’的嫌疑。布吕克如果泉下得知，他在1845年与赫尔姆霍茨等几个人签订的使生理学保持物理主义的盟约，竟在一百年以后导致了这样一种信仰，认为在每个人的头脑中都有三个作战的幽灵，就不免大吃一惊了。”[③]

因此，如果有人问，弗洛伊德是机械唯物论者或唯心论者呢？我们可以说，弗洛伊德是“一身而二任焉”。

三、对弗洛伊德的战争心理学、反马克思主义思想和妇女心理学的批判

我在《精神分析引论》译序中，曾经说过“弗洛伊德的声誉之隆，影响之大，在心理学家中是罕见的。”他的动力学说推动了生理学家对梦和睡眠的研究，促进了心理学家对儿童的性的发展，动机

① S. Freud, *The Ego and the Id*, p. 5.

② 肖罗霍娃：《资本主义国家现代心理学》，孙名之译，上册第191页。

③ 《实验心理学史》中译本，第823页。

和欲望的满足或代替满足，变态心理的防卫机制都进行开创性的观察和实验；使神经症的医疗工作者，丰富了心理治疗的方法，提高了疗效；使文艺工作者有了新的观点去欣赏文学、美术、音乐的创作；如此等等举不胜举。所以“谁想在今后三个世纪内写出一部心理学史，而不提弗洛伊德的姓名，那就不可能自诩是一部心理学通史了。”①

但是由于他的学术观点的错误，他在许多问题上的论点，却是我们批判的对象。《引论》译序已经提出了四点意见，《新编》译序拟就内容有关的问题批判他的战争心理学、反马克思主义思想和妇女心理学。

1. 批判弗洛伊德的战争心理学

弗洛伊德属犹太籍，当希特勒发动反犹暴行和法西斯战争时，他是惨重的受害者。所以当爱因斯坦写信邀请他讨论战争问题时，他积极参加，写了“为什么战争？”(Why War?)的文章。② 他维护和平，反对战争。他回顾了历史的经验，认为“谁有较强大的武力，谁就得到统治权——利用兽性暴力，或暴力与科学结合来统治。但这个政治制度在进化过程中已有所改变了。从暴力到公理或法律是有路可通的。什么路呢？我相信只有一条路，就是单个人的暴力可以由几个弱小势力联合起来，同它竞争。‘团结就是力量’。暴力是可能用团结攻破的。团结者的力量代表法律与单个人的暴力相反。因此，我们可以看到公理就是一个社团的强权。

① 《实验心理学史》中译本，第814页。

② “Why War?”载于 Freud, *Collected Papers*, Vol, 5, pp. 273－287.

它仍然是暴力,但这个暴力预备指向任何反对它的个体;它用相同的方法,遵循相同的目的。其唯一的差别就是占优势的不是个人的暴力,而是一个社团的暴力。但是为了从暴力有效地过渡到这个新的公理或正义,就必须实现一个心理条件。那多数人的团结必须是稳固的和永久的。”

弗洛伊德的这个团结反抗暴力的主张是可以肯定的。孙中山也说过联合全世界被压迫的民族共同奋斗。但弗洛伊德所谓弱小势力是否即指世界上被压迫的人民呢?恐怕他还没有这种政治认识。帝国主义者认为强权就是公理,弗洛伊德以为团结者的力量代表法律,它的暴力就是公理。可见弗洛伊德以公理对暴力而不以暴力对暴力。他可不知道帝国主义是战争的根源;“批判的武器当然不能代替武器的批判,物质力量只能用物质力量来摧毁。”[①]所以毛泽东同志说“战争——这个人类互相残杀的怪物,人类社会的发展终究要把它消灭的,而且就在不远的将来会要把它消灭的。但是消灭它的方法只有一个,就是用战争反对战争,用革命战争反对反革命战争,用民族革命战争反对民族反革命战争,用阶级革命战争反对阶级反革命战争。”[②]战争不是全盘被否定的,有正义的战争,有非正义的战争,要拥护正义的战争,反对非正义的战争。弗洛伊德自称为和平主义者,似乎是反对一切战争,这是不现实的。因为反动派是不会自动退出历史舞台的。

至于弗洛伊德则除诉诸公理、正义和法律,寄希望于“国联”

① 《马克思恩格斯选集》第一卷,第9页。

② 《毛泽东选集》第一卷,第158页。

外，更求援于他的本能学说。他对爱因斯坦说，“你对人们如此容易热衷于战争表示惊异，从而怀疑他们心内可能有类似于一种怨恨和破坏的本能在起作用，迎合了战争贩子的意图。我再一次向你表示完全同意。”他自称近来发现人有两种本能，即食色本能和破坏好杀的本能。后者是战争的动机。因此，为了防止战争，其间接办法是使它的对立面食色本能或爱，即不以性为目的的一般的爱发生作用，反对打仗。他以为“精神分析在这个方面讲爱没有羞耻的必要，因为宗教本身说过同样的话，‘你要爱邻若己’。”但人是分阶级的，社会上的权利分配是随不同的阶级而悬殊的。恩格斯说，“在古代的奴隶和奴隶主之间，在中世纪的农奴和领主之间，难道谈得上追求幸福的平等权利吗？”[①]在资本主义社会，只有极少数资本家享受高消费的生活而绝大多数工农大众“仅有最必需的东西来勉强维持生活”，他们能互相亲爱，和平共处吗？所以弗洛伊德以杀伤的死本能解释战争而以一般的人类的爱消灭战争，是为帝国主义开脱罪责的唯心史观的战争论。

2. 批判弗洛伊德的反马克思主义思想

他对马克思主义的不满是多方面的。他采取了欲抑先扬法，达到了阳奉阴贬的目的。他说“马克思研究社会的经济结构及各种经济组织的方式对于人类各方面生活的影响，到了现在已成为一种不能否认的权威了。”[②]然后，“图穷而匕首见”，他指出“马克思学说有几个命题在我看来，似觉费解，例如社会形式的进化是一

① 《马克思恩格斯选集》第四卷，第 234—235 页。

② 弗洛伊德：《精神分析引论新编》，英文版，第 241—242 页。

种自然史的历程或社会阶层依照一种辩证法的历程而彼此转变。这些话有什么意义，我不敢说能了解，听起来不像唯物主义，而类似于晦涩难解的黑格尔哲学，因为马克思曾有一个时期受过这种哲学的影响。”[①]这是对马克思的辩证唯物主义的污蔑。当然，马克思曾经过黑格尔的影响，但他没有接受黑格尔的哲学体系，而是采取它的合理内核的辩证法。因此，马克思的方法是辩证的，理论是唯物的，他的哲学体系是辩证唯物主义、历史唯物主义。由机械唯物主义者看来，这个哲学就似乎不像唯物主义。其实，弗洛伊德所不了解的马克思的社会进化是一种自然史的历程以及社会阶级的形成和更替的学说就是马克思的彻底的唯物主义。

马克思认为人们在生产劳动中，根据物质的需要，结成不以自己的意志为转移的生产关系，以促进物质生产。到了物质生产力发展到一定阶段时，其原有的生产关系不仅不能促进生产，反而束缚了生产力的发展时，社会革命时代就到来了，推翻了旧有的生产关系，变革了相应的经济基础，于是全部庞大的上层建筑也或迟或速地发生了变化。所以不是人们的意识决定人们的存在，而是人们的社会存在决定人们的意识。[②] 人类社会发展史就这样地从奴隶所有制过渡到封建所有制。资本主义所有制下，生产力的发展是封建制所望尘莫及的。它的生产集中于几个大企业手里，具有社会的性质，但生产资料仍属私有，因而产生了生产的社会性和占有的私人性的矛盾。通过大量工人即无产阶级对少数资本家即资

---

① 弗洛伊德:《精神分析引论新编》，英文版，第 242 页。

② 马克思:《政治经济学批判》序言。

产阶级的激烈残酷的反剥夺的阶级斗争，导致了社会主义社会。这种所有制的过渡是为经济所制约的社会发展的规律，马克思称之为“自然史上的一个过程。”这正是历史唯物主义，如何能说“不像唯物主义”呢？

其次，马克思主义对社会阶级的产生也坚持唯物主义的解释。弗洛伊德称阶级为阶层是对马克思主义的歪曲。当社会生产率低，不能产生剩余产品时，阶级便没有产生的条件，而且即使生产率稍有提高，如果还不能有剩余产品可供剥削，也只为阶级划分提供可能性。生产资料私有制的出现才给社会带来了剥削阶级和被剥削阶级。随着经济制度的发展，奴隶变成了农奴和工人，奴隶主变成了封建贵族和资本家，这种社会阶级的转变有什么费解之处呢？

于是弗洛伊德提出了心理因素借以反对经济因素，把马克思主义错解为经济决定论。他说，“我们可不能假定经济的动机是决定社会中人的行为的唯一动机。不同的个人、种族，及国家在相同的经济状况下而有不同的行为，足见经济的因素不是唯一的决定原因。我们可不能了解研究活着的人的行为时，如何能忽略心理的因素；不仅这种因素和经济基础的建设有关，而且即使受这些条件控制时，也只能动员其原始的本能冲动——如自存本能、攻击本能、爱的需要、求乐避苦等。”①但是我们首先要说明马克思、恩格斯的历史唯物主义不是经济决定论。恩格斯说，“我们认为，经济条件归根到底制约着历史的发展。”因为“政治、法律、哲学、宗教、

① 《精神分析引论新编》，英文版，第244页。

文学、艺术等的发展是以经济发展为基础的。"但是同时恩格斯又说，政治、法律等"又都互相影响并影响到经济基础。并不是只有经济状况才是积极的原因，而其余一切都不过是消极的结果。"[①]"倘若有人把这个原理加以歪曲说，仿佛经济因素是唯一决定的因素，那么他就把这个断语变成毫无意思的、抽象的、荒诞无稽的空话。"[②]弗洛伊德正是这样歪曲历史唯物主义原理的。

关于心理的因素，马克思主义者也没有像弗洛伊德所指责地那样忽视。恩格斯说，"决不能避免这种情况：推动人去从事活动的一切，都要通过人的头脑，甚至吃喝也是由于通过头脑感觉到的饥渴引起的，并且是由于同样通过头脑感觉到的饱足而停止。外部世界对人的影响表现在人的头脑中，反映在人的头脑中，成为感觉、思想、动机、意志，总之，成为'理想的意图'，并且通过这种形态变成'理想的力量'。如果一个人只是由于他追求'理想的意图'并承认'理想的力量'对他的影响，就成了唯心主义者，那么任何一个发育稍稍正常的人都是天生的唯心主义者了，这样怎么还会有唯物主义者呢？"[③]我想再没有什么话可以更明白地说明马克思主义者对心理因素的重视了。但是，他们所说的心理因素与弗洛伊德所说的心理因素是有不同的性质的。

心理因素"与经济基础的建设有关"，难道马克思主义者不知道吗？不过他们所要动员的不是弗洛伊德的那些本能冲动而是"理想的意图"或"理想的力量"。譬如在我们现阶段的社会主义建

① 《马克思恩格斯书信选集》第517页。

② 同上书，第466页。

③ 《马克思恩格斯选集》第四卷，第228页。

设，党领导希望我们具备共产主义理想，强调社会主义精神文明，就是对心理因素的关注。

其次，弗洛伊德也许可以答辩，以为他所称的心理因素还有所谓自我理想或超我。《引论》讲梦时，曾经说过潜意识的欲望因受压抑，不能直接进入意识。究竟谁来实施压抑呢？他以为压抑出于自我。《新编》研究超我是从传统所称的“良心”出发的。他以为根据精神病治疗的临床经验，“我们大家的自我都有一种侦察的机能以惩罚恐吓我们，对他们说来，这种机能脱离了他们的自我，以致被误认为外界的实在。”弗洛伊德以为这不是外界的实在，而是内在的良心，因为“良心常最易脱离自我，与自我对峙。”所谓“超我”就是良心的实体化。弗洛伊德说，“我们乃称自我的这一机能为超我。”①

弗洛伊德以为一个人的超我的形成与他的恋母情结的命运有密切的关系，简单地说，超我是这个情结后来的发展。弗洛伊德说，“恋母情结消逝后，儿童放弃了初期对父母形成的热烈的倾注的对象，为了补偿这个损失起见，他早已表现出来的对于父母的认同或摹拟便较前为尤甚了。”由于父母师长教育儿童都以他们自己的超我为标准。所以“儿童的超我在实际上不是以父母为模型而是以父母的超我为模型。”②弗洛伊德以为如此历代相传，超我便大有助于人类社会行为的了解，犯罪问题的理解，教育实际的指示。这是弗洛伊德的另一种心理因素，他以为又为唯物论者所抛

① 弗洛伊德:《新编》，英文版，第 86 页。

② 同上书，第 95 页。

弃了。他说，“人类不完全生活于现在，超我的意识形态保存过去，保存民族的传统，而这种传统则只是逐渐受现在的影响，让位于新的发展，也只能通过超我的活动，才能在人生中起着重要的作用，而完全不依赖于经济的条件。”①

不错，“人类不完全生活于现在”，但也不完全生活于过去。弗洛伊德的超我是向后看的，保存旧的传统，只是逐渐受现在的影响而稍有变化。父亲以他自己的超我传其子，子以其父的超我传其孙，历代相传，保持不失。

很奇怪，弗洛伊德的泛性论可能使我国道学家局促不安，但是他的超我的概念则似与我国儒家的孝的观念同声相应。孔子说，“父在观其志，父没观其行，三年无改于父之道，可谓孝矣。”又说，“慎终致远，民德归厚矣。”弗洛伊德则主张审察其子能否在言行中符合其父的超我的准则，合则是之，不合则非之，所以弗洛伊德的超我，孔子的孝，目的都在于保持传统，不向前看，不求变革，是与马克思主义背道而驰的。

3. 批判弗洛伊德的妇女心理学

关于弗洛伊德的妇女心理学，可以说一无是处。现代社会男女平等，男子不因他自认在生理上的优势就凌驾于女子之上。但这对弗洛伊德说来，是不可思议的。所以弗洛姆说，约翰·穆勒原大为弗洛伊德所赞赏，但当穆勒提倡妇女平权时，弗洛伊德就写信说，“穆勒在这个问题上简直是发疯了。”弗洛姆接着指出，“我相信弗洛伊德认为人类有一半在生物学、解剖学、心理学上比不过另一

① 弗洛伊德：《新编》，英文版，第 96 页。

半，这个想法除了暴露出他的父权社会大男子主义的态度外，似乎没有丝毫理由可以减轻自己的罪责。”[①]

弗洛姆的这个评语是中肯的。但是弗洛伊德的妇女心理学的谬误还必须从生理学、心理学和社会学的观点上予以分析。我们不否认女性器官和副性征对妇女心理学带来一定的影响。她的行经、分娩、喂奶进一步增加性别的差异。但弗洛伊德则是把认识的某一特征，引申到荒谬的程度。

他从男女孩性器官活动出发，提出了恋母情结的概念。上文在讨论超我时，曾涉及这个情结，但因那时的目的在说明超我的作用，以致没有给以适当的批判。什么是恋母情结呢？儿童心理学证明儿童不分男女，在胎儿时期，都无不依附母体过活，成为母体的部分，受到了母体的保护，直接摄取了母体供应的营养料；出生以后，也有赖于母亲的抚育，否则容易夭折。至于父亲则除给予精子外，作用不大；人工授精也可代替。因此，儿童四五岁时开始发生恋母情结是不足为奇的。

但弗洛伊德则以男女孩性器官的不同说明这个情绪情境的差异。他以为男孩恋母而以父为爱敌，唯怕因此被割除了阴茎，产生了阉割情结，但他恋母恨父始终不变。女孩也先恋母，但因母亲的性器官与己无异，便逐渐从恋母变成恨母，转而敬爱其父。她因缺乏阴茎而产生了所谓阳具妒，以为自己不及男孩的得天独厚，都是母亲的过失。

弗洛伊德的这个恋母情结，尽管他的嫡系信徒视为珍贵的发

① 弗洛姆：《弗洛伊德思想的贡献与局限》，第5、6页。

现,但反对派也不在少数。有些人以为四五岁的男孩由于性的兴奋焕发,恋母背父。他对妈妈说,“爸爸死了,我便同你结婚”。这些人以为这是男童恋母情结的反映和证明,其实这乃是以成人之心度儿童之腹。弗洛姆说得好,“这个小男孩还没有死的观念;他要说的,不过是‘我愿爸爸走开,让我独享母亲的关怀。’如果有人因此认为他对父亲怀有刻骨仇恨,甚至恨之欲其死,则是他太不注意小孩的想象境界而忽视他与成人的区别了。”①

但是弗洛伊德则不仅以性器官的差异解释男女孩的恋母情结,而且以此为出发点推论妇女的德性,如妇女的被动性、嫉妒性、谦逊和顺,爱修饰和身体的健美,甚至她的学术成就,也被看成被压抑的阳具妒升华的化装。② 所以人类性别角色(sex role)的差异,完全被归因于生物学的因素了。这显然是不正确的,因为这个差异也是为社会因素所制约的。儿童自小就被称为男孩子或女孩子。就女孩子说,她们被给予女性的名字,有特殊的衣着、发式,玩不同的玩具,受到了特别的待遇、照顾和期望。她的一言一动要符合女性的标准。符合的,便得到赞许,否则她的妈妈就会对她说,“你是女孩子嘛! 为什么这样说或这样做呢?”所以妇女之为妇女尽管有生理的差异为基础,但社会文化的原因起着更重要的作用。

关于这个原因的重要性,我们还可以援引跨文化的研究以为证。米德(M. Mead)调查了三个原始的部落,证明攻击不问是否厉害或厉害至如何程度,男的女的都可被社会所允许。阿拉佩什

① 弗洛姆:《弗洛伊德思想的贡献与局限》,第 30 页。

② 弗洛伊德:《新编》,英文版,第 171 页。

(Arapesh)部落期望男女的所作所为依照西方文化所认为的女性的行为方式,他们被教导着彼此合作,并关心彼此的需要。反之,门杜古莫尔(Mundugumor)部落期望他们男女的行动符合于西方社会中所称的男性的行为方式,互相侵犯,残忍无情。第三个部落蔡姆卜里(Tchambuli)的妇女职能与西方国家完全相反,妇女欺凌弱小,支配男人,而男人被动受压,低首下心。由这个调查看来,男人攻击好强,女人被动和顺,受之于天者只是基础,大部分是由社会文化影响决定的。[①]

甚至男女理智上的差异也由于社会训练所致而非决定于生物学。关于黑人儿童的研究,语文能力的测量成绩男优于女〔安纳斯塔西(Anastasi)与安吉洛(D'Angolo)的研究,1952〕。关于英国男女儿童的研究也发现在四种不同词汇测验中也以男童的成绩为较优〔邓斯同(Dunsdon)与弗雷泽—罗伯茨(Fraser-Roberts),1957〕。由于文化不同,男女童的语文能力随而不同,可证明我们社会中所观察到的性别差异至少有一部分起源于不同的社会化的实践。[②]

当照,我们也不能因此完全否定生物学的因素对性别角色的影响。弗洛伊德本人有时也兼顾生物学和社会学的因素。他在讨论妇女的被动性时,也曾说过,"我们可不要因此忽视社会习俗的势力,因为这种势力迫使女人退处于被动的情境。"[③]同时他也指出妇女的攻击冲动受了她自己的体格和社会的压制。

---

① Liebert and Neale, *Psychology*, p. 263.

② 刘范等译《发展心理学》,第 367 页。

③ 《新编》,英文版,第 158 页。

所可憾者男性自大的偏见束缚了他的思想，以致他早就认为妇女受制于阉割情结和阳具妒，甚至她们的超我不及男人，而自恋则较男人为更强烈。所以弗洛姆说，“尽管我们赞赏他的理论的光辉，但很难否认他的男女不平等的主张的荒诞无稽，而这也只能释以他的根深蒂固的对妇女的歧视。”①

小　结

总之，弗洛伊德的著作，包括《新编》在内，瑕瑜互见，筛选不易。究竟是瑕不掩瑜或瑜不掩瑕，本书译序中作了一些评论，但不敢自信。由于精神分析和新精神分析的材料浩如烟海，而关于新弗洛伊德主义的争论更超出了我的理论的水平之上，进一步的研究谨寄希望于读者和研究精神分析的专家。译文如有错误，也敬请大家指教！

① 弗洛姆：《弗洛伊德思想的贡献与局限》，第122页。

目　录

序

我于1915－1916年和1916－1917年的两个冬季学期在维也 ix
纳精神疗病院的讲堂讲演《精神分析引论》，听众为各院系的教职员及学生。前半部演讲稿临时口授，事后立即撰写成文；后半部系在萨尔茨堡(Salzburg)度暑假时写就，冬季间逐字讲述。那时我还有很好的记忆力。

这些新讲演稿跟旧的不同，我从未讲过。同时我的年龄已经使我不再和大学发生关系——即使仅为表面的关系——而负有讲演的任务；而且受了一次外科手术，又使我不能对人讲演。因此，我写作此稿，仅在想象中置身于讲堂内；这也许可帮助我在对于自己的问题作更深入的研究时，不忘记了对于读者所负的责任。

这些新讲演稿不是要取代前期的讲演。它们不是独立的单元希望得到自己独有的读者；它们只是前期讲演的续编及补充，依照
它们与前期讲演的关系分为三类。第一类是十五年前讨论过的题 x
旨，因知识的加深，见解的修改，乃不得不重加论列；换句话说，此类是批判性的修订。其他两类表示范围的扩充，其所讨论的材料在前次讲演时尚未存在，或那时所知太少，不能另列专章。新讲演稿中如果有几章兼有这几类的特点，那也是不能避免的，不必后悔的。

我更根据前次演讲而核定这次新演讲分章的先后，借以表明
它与《引论》的关系。譬如本书第一章定名为第29讲。又这次讲
演对于分析的专家没有提供新的材料。它们的对象是那些对于这
门年轻科学的特殊发见及性质表示好感的，尽管是半信半疑的有
教养者。我本着历来的方针，不愿有所删削以求表面上的简洁和
完满；既不隐藏任何问题，也不否认缺陷和可疑之点。有些科学研
究也许不需要过于谦逊。社会对于这些研究也不会提出过分的要
xi 求。例如读天文学的著作，必不由于作者说明宇宙的知识还有些
不明白的地方而感到失望或轻视。但心理学则不然；人类缺乏科
学研究的能力在这里可充分暴露出来了。人们似乎不希望通过心
理学获取科学的进步；他们却要得到另一种满足。一切未解决的
问题，一切谁都承认的疑难都可化为反对心理学的理由。

任何热爱心理学的人都必须任劳任怨，不辞艰苦。

弗洛伊德

1932年夏季于维也纳

第一章　梦的学说的修订 15

（第 29 讲）

诸君，经过了十五年以上的阔别之后，今天很高兴，再得和你们聚首一堂，共同讨论精神分析学说在这十五年间的新发展或新进步。从好几个观点看来，我们都应当先注意梦的学说，因为这个学说在精神分析史内占一特殊的地位，标志着一个转折点。有了梦的学说，然后精神分析才由心理治疗法进展为人性深度的心理学。梦的学说始终是精神分析的最特别而为其他科学所绝对没有的东西，是从民俗及神话的领域内夺回来的新园地。其观念的奇特乃足使此说为精神分析的拥护者及反对者所以分道扬镳的重要原因。就我本身而言，则当神经症中不能解决的问题使我的缺乏经验的判断手足无措的时候，我常依赖这个学说。我也曾怀疑过，16
但一当开始怀疑的时候，我如果能将一个繁难费解的梦译成梦者内心的一种明白易晓的心理历程，我便深信我的路走对了。

因此，我们如果由梦的学说出发，记述精神分析近十五年来的沿革及现代思想界对于精神分析的了解的增进，也许有特殊的兴趣。可是我要坦白地告诉诸位，你们在这两个方面都难免于失望。

试翻阅《国际精神分析杂志》（Internationale Zeitschrift für〔ärztliche〕Psychoanalyse）各卷，关于精神分析的最重要的研究自

1913年以来多发表于此。较早的几卷常见有“梦的解释”的标题，对于梦的学说的各方面有许多贡献。但是所翻读的各卷，为时愈近，则这种贡献也愈少，终至于完全缺乏。精神分析者似不再对梦更有所论述，似乎梦的学说已告结束了。反之，我们如果问那些借用我们的学说而不很感谢我们的精神病学者和精神疗病学者以及
17 惯于猎取科学中的较新结论的所谓学者、文人和一般人，对于梦的学说，信仰至如何程度，则答案是不很令人满意的。有少数公式是众所周知的，其中有几个，我们可从未提出过，例如所有的梦都有性的意味；但甚至有些重要事实如有关显梦与隐意的区别，焦虑梦和梦的欲望满足的功用并无矛盾的观点，不知道梦者的联想便不可能释梦的缘由，最后像梦的最重要部分就是梦的工作的这个认识，都同三十年前一样，似未为一般人所了解。我说这些话是不无理由的。几十年来，我曾经接到许多信件，写信者以他们的梦请求解释，或请教关于梦的性质的知识。他们自称已读过《梦的解释》(Interpretation of Dreams)，但字里行间都流露出对于我们的梦的学说缺乏了解。因此，我们只得将关于梦的知识重述一遍。你们总记得十五年前，我们曾以全数演讲说明我们对于此从来没有解释过的心理现象的了解的经过。

设有一人于此，例如受分析的病者，以他的梦告诉我们；我们便可以假定他于受分析的治疗时对我们作一次通话。这个通话自然是不十分可通的，因为梦的本身原非一种社会性的表示；也不能
18 使梦者自己了解。我们不知道梦者要说什么，他自己所知道的也不比我们清楚。我们要立即作一判断。一方面，不用精神分析法的医生以为梦乃表示梦者睡眠不安，脑的全部不能一致休息，有些

部分因受不可知的刺激的影响而仍在继续活动。倘若如此，我们就可以不必再从事于梦的研究了，因为这种研究是徒劳无功的。但另一方面，我们却立即作出相反的决定，以为即属此类不可了解的梦也必为有意义和有价值的一种心理活动，我们在分析中加以利用，如利用他种通话一样。只是作这种企图的结果才可以证明我们有无错误。我们倘若能将梦化为有意义的表示，我们便显然可以有机会发见新事实并求得其他方法所不易求得的消息了。

可是，此项工作的困难和题材的迷惑性却是明显的。我们究
竟如何将梦化为一种正常的通话，究竟如何解释病者和我们都无 19
法理解的一种表现形式呢？

诸君应当知道我不拟于此细述这个问题的起源，我只是要武断地说几句。第一要介绍两个新概念和两个新名词，为我们对于梦的问题的态度建立一个基础。我们称一般人的梦为**显梦**，而称我们所期待或怀疑的梦的背后的意义为**隐意**。因此，我们便有两个问题如下：我们要将显梦化为隐梦，我们又要宣示后者在梦者的心内如何变为前者。第一项为实际问题，属于**梦的解释**，需要一种技术；第二项为理论问题，它的解决必可为假设的**梦的工作**的说明，只能算是一种学说。梦的解释的技术和梦的工作的学说都须首先成立。

我们将以何种问题为起点呢？我以为须以梦的解释的技术为出发点，因为它有一较明了的大纲，可给我们一较深刻的印象。

于是，病人诉述一梦，我们加以解释。我们静听着，不用思考。
第二步呢？我们将尽力对于所闻之事或**显**梦，丝毫不假思索。当 20
然，这个显梦所表示的各种特点不是与我们完全不相干的。也许

它是通顺连贯，有如一篇文章，或纠缠不清，几有类于呓语；也许是内容荒谬，或笑话连篇，却又似若言之成理。也许它的影像明确清楚无异知觉，或隐约模糊有如烟雾。这些不同的特点可见于同一个梦的各个部分。最后，梦也许伴有一种无关痛痒的情调，也许伴有一种很强烈的愉快或痛苦的情绪。你们可不要以为我们认为这些不同特点无关重要；它们有助于我们的解释之处后当再述：现在可暂且不论，专注意于梦的解释的线索。这就是说，我们要请梦者脱离显梦的印象，由注意全梦而注意其各部分，将这些部分的有关之事或其所引起的联想一一告诉我们。

这是一个古怪的技术，可不是吗？这不是通常处理消息或通话的办法。你们自然揣想这个技术背后还隐藏有几种没有说出来的假定。然而让我们往前进行吧。我们究应使病者遵照何种程序诉述其梦的部分呢？这可有好几种方法。也许我们仅依据其梦之
21 诉述的时间的程序。这可被称为最严格的，古典的方法。我们也许可以请梦者寻求梦中所有**前一天的遗痕**(the residue of the previous day)，因为经验已昭告我们，几乎每一个梦都含有关于前一天的一件事(或数件事)的记忆的遗迹或提示；我们倘若追求这些线索，便常可立即发见病者由疏远的梦境而至实际的生活。我们也许可以请梦者以梦的内容所有特别明了而富于感性的元素为始。关于这些元素的联想是特别容易引起的。上述几种方法我们可以随意采用。

现在让我们讨论这些联想。它们含有的材料各不相同，有梦前的一天及做梦的一天的记忆，也有关于早年的记忆，考虑，论辩，质疑，问难的经验。病人对于这些经验有许多不难想起，有许多虽

已想到，却难说出。有许多和梦的元素有明显的关系，这是不足为怪的，因为这些联想本曾由这些元素所引起；但是病人可能想到了，却又说："这似乎与梦无关；因刚才想到，只得说出罢了。"

我们若静听这些观念的流露，就可见梦不仅提供这些观念的起 22
源，而且这些观念和梦的内容还有许多共同之处。它们使梦的一切部分得到了惊人的解释，空隙之处得到了填补，奇异的联络得到了了解。最后，我们还必须明白那些观念和梦的内容的关系。梦似乎是这些观念的节录体，观念集合的规律，我们还没有讨论，梦的元素又好像是那些观念票选出来的一群代表。毫无疑问，我们的技术已足使我们发见梦所代替者究系何物，它的心理学价值就在这里。我们所发见的就不再是梦的迷惑、古怪、混乱的性质了。

但是让我们不要误会。梦的联想不就是梦的隐意。梦的隐意包含于，但也非完全包含于这些联想之内。一方面，联想所提供的材料远较病者心理用以构成梦的隐意的有关一切加工、变化和过渡联系时所需要者为更多。他方面，联想往往未曾达到梦的思想之前就停止了；联想仅仅隐约地接触到那些隐意而已。因此，我们分析者可发挥重要的作用，我们依其所提示的观念追踪探索，作出必要的推断，使病者仅将联想中隐约接触到的意念化暗为明。你
们也许以为我们凭自己的聪明和任意的想象处理梦者所诉述的材 23
料，而为其所说的话添油加醋；其实，抽象的说明，很难辩护我们的技术的妥适。但是假设你们作一次梦的分析，或熟读一个释梦的好例，将会深信我们的解释的完善了。

我们释梦虽常依赖梦者的联想，但于联想停息时也只得凭空处理梦的某些元素。我们已指出这种情形常见于相同的元素；这

些元素为数不多，多时的经验已足证它们常为他种物体的象征，也就这样解释了。这些元素和其他元素不同，有其永久的无可怀疑的意义，并受特殊法则的限制。因为我们懂得这些象征的翻译方法。梦者虽知道如何利用象征，却不知道如何翻译，所以梦者方述毕一梦而还很迷惑的时候，我们却在开始释梦前就已明了其意义了，但在前次演讲时我已详论象征作用，及关于我们所有象征的知
24 识和它所引起的特殊问题，现在就不必重复了[①]。

这就是我们释梦的方法。跟着便应发生这个问题：就是，利用这种方法能否解释一切的梦呢？我们应当回答说：我们所能解释的梦如此之多，我们的方法的有用可靠则绝对不必怀疑了。然而为什么不能解释一切的梦呢？这个问题的新答复可示我们以一要点，而这个要点则和梦之构成的心理的条件都有关系。因为梦的解释在进行时引起梦者的抵抗，而这种抗力或几乎等于零，或且非我们现有的方法所能克服。我们在释梦时，往往观察到这种抗力的表现。有许多地方，联想立即引起，毫无踌躇，其第一个或第二个联想已足予我们以释梦的材料了。有许多地方，病人在未说出一种联想之前，就感觉到踌躇了，我们常须听完一系列的观念，然后才有可用以释梦的东西。因此，我们以为联想的链索愈长而愈曲折，则抗力也愈强大。梦之遗忘由于受相同的影响。有时病人无论如何努力，也不能回忆他的某一个梦。但是我们倘若用分析
25 法，将扰乱病人的某一困难完全克服，那么遗忘了的梦就会忽然复跃入心中。还有两点须附述于此。(1)梦者常略去梦的某一片段，

① 参看《精神分析引论》第10讲。——译者

后复补进。这便可视为遗忘此一片段的企图。经验证明这就是最有价值的一片段；我们可假定其关于此段的诉述比其他部分遇到更强大的抗力。(2)有时我们发见病者为避免遗忘起见，醒后立即记录他的梦。我们告诉他这也是无用的，因为他虽可详录梦景，但抗力会移寓于联想，使显梦无法了解。因此，假使抗力的增加完全制止了联想，而阻碍了梦的解释，那也是不足为怪的。

由此，我们可断定释梦时所遇到的抗力必也有助于梦的构成。我们可将梦分为两类，一类系成于低压的抗力，一类系成于高压的抗力。而此压力在同一个梦里可由这一部分移至另一部分；成为梦的残缺、含糊、混杂、而破坏梦的连贯性的原因。

然而抗力是什么？被反抗着的又是什么？由我们看来，抗力 26
就是矛盾的一个明确的符号。有一种力要有所表示，另有一种力要阻遏其表示。因此，显梦可视为此两种力斗争调解的结果。在某一点上，有一种力也许得到表示，在另一点上，其相反的力也许完全消灭此有意的表示，代以其他不落痕迹的事物。最常见的，或梦之构成的最显著的特点即为一种调解，结果那要求表示的力虽也可言所欲言，但不能照原意说出，它将要缓和下来，歪曲表达，以致难被认识。因此，假设梦不能如实表示隐意，或解释的历程必须填补梦和隐意之间的残缺，那便可由释梦时的抵抗推知阻力、干扰力和制上力的存在。我们倘若将梦视为一种孤立的现象，而不与其他有关的心理历程发生关系，那么我们便可称此力为**梦的稽查**。

你们早已知道这个稽查机构非梦所特有。你们要记得被压抑
的潜意识和意识的两种心理因素的矛盾支配了我们的一生，而反 27
抗释梦的力或梦的稽查的特征也就是隔离此两种因素的压抑和抵

抗的力。你们又知道这些相同因素的矛盾在某种条件之下也可产生他种心理现象，而这种现象之为调解的结果与梦正复相同；至于这些条件如何，我想你们不需要我再述了。你们当可知梦是一种病理的产物，和癔病的症候，强迫症，幻觉等同属一个系统；所不同者是它的暂时性，且也见于正常的生活状况之下。我们不要忘记亚里士多德所曾说过的话：梦是睡眠时的心灵的活动。睡眠的状态系表示其离开实际的外界，因此为精神病的发展提供一个不可缺少的条件。即使有关严重的精神病的最深刻的研究也不能给我们以这些病理条件的更典型的特点。但在精神病内脱离现实可有两种原因；也许因被压抑的潜意识势力太大，以致压倒不放松现实的意识；也许因现实太令人痛苦，不能忍受，致被威胁的自我，在抵抗失效中，只得投入潜意识冲动的怀抱之内。那无害的“梦的精神
28 病”就是有意造成的暂时脱离现实的产物；与现实的关系一经恢复就可以停止活动。当睡眠者失掉外界的联系，他的精神力量的分配就会发生改变；本可用以压制潜意识而消耗的压力，现在可有一部分节约下来了，因为潜意识如果利用其相对的自由进行活动，那么它将可发见运动表现的出路都已被阻塞了，只有幻觉满足的无害出路通行无阻，从而形成了梦，但是梦的稽查这个事实，说明即使在睡眠时也有充分的压抑抗力的活动。

我们于此乃可有机会答复下列问题：就是，梦是否也有一种功用？睡眠原来要引致一种无刺激的安息的情境，可是这种情境却受了三方面的干扰：(1)睡眠时外界的偶发的刺激，(2)前一天所残留的兴趣，(3)尤其逃避不了的是未曾满足的被抑冲动，随时要破门冲出。压抑的力既入夜而减弱，则每当内外的干扰和潜意识的

冲动发生联络的时候，睡眠就有失去安宁的危险。梦的历程允许这三种扰乱的力通过无害的幻觉经验得到了共同的发泄，因而保证睡眠的持续。焦急的梦虽有时惊醒梦者，但和梦使睡眠持续的功用没有抵触；因为这是稽查认为情境过于危险，自觉无力反抗的 29
结果。有时我们仍在睡眠，以为“这究竟只是一个梦”，因此得免惊醒。

诸君，关于梦的解释，我所要说的已尽于此，所谓释梦就是由显梦推求其隐意。隐意既经求得，于是就实际分析的观点看来，对于梦的兴趣便可随而减弱了。分析者将由梦求得的消息和病者的他种表示连成关系，而继续分析。但是我们对梦还不能以此为止；我们还要研究隐意变成显梦的历程。这个历程，我们称之为梦的工作。你们要记得我在前期演讲已详述过这个工作，因此，今天拟仅作一最简单的节要。[1]

梦的工作新奇无比。我们可由此窥探潜意识心理系统中的历程，并可见这些历程之有异于意识的思想，与意识的历程相比起来，它们难免荒谬。我们若更知道种经症症候的形成和隐意化为显梦都由于相同的机制——这个机制，我们几乎不敢称之为思想 30
历程——则梦的工作的发见当更加重要了。

后文说明不能不趋于简略。假定作一完全的解释之后，显梦还原为带有情调的隐意，我们就可知隐意和隐意之间也有区别，而这个区别则可给我们以一指导。这些隐意几乎都为梦者所承认；他将自认于此时或彼时曾有过这个思想，或很有这种思想的可能。

[1] 参看《精神分析引论》第 11 讲。——译者

但是他也许单否认某一种思想，以为它太奇特或甚至令人憎厌；他也许力加驳斥。我们可立即知道他所承认的思想乃为他的意识的或前意识的思想；他也许在清醒时曾经想过，或前一天曾有这种思念。至于那被驳斥的思想或冲动则为那夜的产物；属于梦者的潜意识，所以为他所否认。这种思想如果要得到表现，势必等到夜深压力松弛的时候。但纵使表示出来，也不免软弱变样而化装了；没有释梦的研究，便无法发见这种潜意识的冲动，幸而与其他无害的梦想互相联系，因得以化装瞒过稽查的眼线；反之，前意识的梦想由于相同的联系，则虽在睡眠的时候也得占领心理的生活。关于
31 这层，我们可不必怀疑；潜意识的冲动乃是梦的真正的创造者，梦的形成所需要的心理能力都赖此供给。这个冲动和其他本能的冲动相同，其唯一目的在自求满足，我们由释梦的经验已可证明这就是一切梦的意义。梦都是本能欲望的满足。心理的生活既入夜而脱离现实，便有可能回复原始的机制，于是梦者所希望的本能满足就可以通过幻觉而似若见诸事实了。观念也由于同样的回归作用(regression)，在梦内化为视觉的影像；换句话说，梦的隐意似若有活灵活现的活动了。

由这种梦的工作，我们乃知道梦的某些最显著的特点。关于梦的形成的分期可再复述如次：初期：睡眠欲，主动地脱离外界。由此产生两种结果：第一，较原始的活动方式得到自我的表现，这就叫做回归；第二，加于潜意识之上的压抑和抵抗因此减弱。第二种结果，使正在活动的内在刺激和外在刺激的产梦因素乘机造梦。
32 梦为一种调解；有双重的功用：一方面迎合自我(自力活动 ego-syntonic)，排去干扰的刺激以适应睡眠欲，他方面，使被压抑的冲

动，得有一种幻觉的满足。但是，梦的形成的全历程，虽为睡眠的
自我所允许，但仍受稽查或压抑作用的余力的控制。梦的历程不
能如此简单，所以我也不能作更简单的说明。现在可讲述梦的工
作。

让我们再从梦的隐意说起。隐意的主要元素为被压抑的冲
动，这种冲动因和当时的刺激及前一日的经验互相结合而得一化
装的表示。它正和任何其他冲动相同，也在动作内力求满足，但运
动的通路为睡眠之生理的特点所堵塞了，只得假道于知觉而以幻
觉的满足为止。因此，梦的隐意乃化为一组感觉的影像及视觉的
情景。沿着这个方向前进时，便似足令人迷惑了。凡属表示较细
致的思想关系的词语，如连接词及关系词，和语尾的变化都改付阙
如：正如原始的，无文法的语文一般，只有粗陋的思想材料表示出
来，抽象的重新化为具体的。总之，梦的内容似乎是不相连贯的。33
稽查的要求和心理的回归都使某些物体及历程利用意识思想所难
理解的象征作为它们的代表。然而梦的思想元素还经受他种更重
要的变化。凡相接近的元素都可**凝结**为新的单元。思想化为影像
的时候，常采用这些凝结的方式；好像有一种力量使那些材料不得
不约束似的。凝结的结果，显梦的一个元素也许相当于梦念的许
多元素；而梦念的一个元素也许在显梦中有许多景象为其代表。

更加引人注意的是另一种历程叫做**移置**，即重者化轻，轻者比
重，在意识的思想内只有过失及诙谐才利用这个方法。因为造成
梦想的个别观念不同有相等的价值；它们都各附有不同程度的情
调，因此，乃或较重要而或欠重要，或较值得注意而或否。在梦的
工作之内，这些观念和它们的情感脱离关系。情感乃另求去路；它 34

们也许依附于其他观念，也许仍附丽于原来的观念，也许经过化装，也许完全由梦中消逝。剥夺了情感的观念乃在梦内借感觉显明的梦景以示其重要性。但是我们已知道这个重点本应位于重要的元素之上，现已移置在不重要的元素之上了，因此，梦内似最重要的元素，在梦念内仅占次要地位，而梦念内重要的元素，在梦内反仅有偶然的，不显明的代表。梦的工作只有这个因素最足使梦为梦者所难解。梦念受稽查的影响而化装，而**梦的化装**则以移置作用为其首要的方法。

梦的思想经过这些加工后，梦就几乎可以形成了。但是还有一个较不常有的因素，即所谓润饰作用，见于梦入意识而为知觉的对象之后。梦既进入意识，我们便以它和任何种知觉的内容作相同的处理；我们要补填其残缺，增加其连锁，且常由己意加以附会。但这个理由化活动在最完善的情况之下把同实际内容不相协调之
35 处做到表面上的连贯，就有些情况来说，这种活动却完全缺乏，或仅具体而微，致使梦表现出它所有的一切缺口和矛盾。同时，梦的工作的力量也不是常常相等的。它的活动有时局限于梦念的某些部分，其他部分以真面目入梦。由此可见梦时似乎可有最复杂而巧妙的理智活动，或聪明的思辨和诙谐，事理的判断，或问题的解决；但这都是我们正常的心理活动的结果，也许见于梦前的一天，和做梦的当夜。它与梦的工作无关，也没有表现梦的特点。我们也许还必须申明梦念自身的区别，如潜意识的冲动和前一天的剩遗经验的区别。后者虽可表示一切心理的活动，但是前者既为梦的真正的动机，就常求出路于愿望的满足。

这些，我也许可告诉你们于十五年前；在事实上，那时确曾以

此告诉过你们。现在可专讲这十五年间的修订和新发见如上。

我已经告诉你们，我怕所可说的很少；你们或将不知道我为什么要将同样的事实重述一次，要你们来再听一次。但是十五年的光阴已经过去，我希望借此演讲可最易和你们重复发生接触。这些基本事实为了解精神分析的重要因素，所以再听一次也是好的， 36
而且它们过了十五年而无所变动，也就算有为我们所应知道的价值了。

你们在这些年来的文献之中，将可看见许多证明及注释的材料，我只要略述数例于此。我还可以增加一些你们已经知道的材料。这些材料多数是关于梦的象征及他种符号。美国大学的医生近来仍旧以为精神分析没有实证的可能，不得列为科学。他们也许可根据同样理由而轻视天文学，因为天体的实验异常困难，天文学者只得纯赖观察。然而维也纳的研究家已开始对于梦的学说作实验的证明了。1912 年，据施罗特博士（Dr. Schrötter）的发见，我们若令深受催眠的人梦及性的活动，则其梦所有关于性的材料都以我们所熟悉的象征为符号。例如他使一妇人梦和一女友性交。她梦及女友提一旅行包，上粘有“只许娘儿们”数字。贝特尔海姆（Betlheim）和哈特曼（Hartmann）的实验（1924）更令人有深刻的印象。他们治疗患柯萨科夫综合症（Korsakow's syndrome）[①]的病人，告诉他以一粗鲁的淫荡故事，然后要他转述，而注意其词句 37
上的变化。于是我们乃复见有前所熟悉的性器官及性交的象征，其中还有梯子的象征，关于这些，贝特尔海姆和哈特曼说得不错，

① 通常指由于慢性酒精中毒而产生的精神错乱。——译者

化装的经过乃非意识的注意所能理会的。

西尔伯勒(Silberer)曾作过好几种极有趣味的实验,在这些实验中突击成梦,然后看它如何将抽象的思想化为视觉的影像。他于疲劳欲睡的状态之下,勉强作一种理智的工作,于是思想本身消灭了,代之而起的常为一种视觉的影像。

下面是一个简单的例子。西尔伯勒在思想上要润饰他的论文中的一段不甚通顺的文字。但是他的视觉影像是看见自己正在刨平一块木头。在这些实验之内,我们可常见正有待于加工的不是构成视觉影像的内容,而是正在努力着的心理状态——换句话说,是主观的条件而非客观的内容。西尔伯勒称它为一种"机能的现象"。试举一例即可说明。作者正在比较两位哲学家对于某一个问题的见解,但在半睡眠的状态之下,有一种见解常消灭于无形,
38 最后他见自己方请益于一怪僻的书记官,这位书记官倚几而坐,开始时不理他,后来怒目相看,似乎叫他去处理自己的事情。也许视觉影像之所以常常代表内省的材料,可能是由实验本身的条件造成的。

我们可再讨论象征吧。有些象征,我们自以为已能了解,但仍觉于心不安,因为我们还不能说明那特殊的象征如何有其特殊的意义。我们倘若能由其他学科如语言学、民俗、神话或宗教仪式中得到证明,那当然是特别值得欢迎的。这类象征可以外套为例。赖克(Reik,1920)说:"据贝陀因人(The Bedouins)古代的婚礼,新郎以特殊的外套加于新娘身上,这件外套叫做'aha',同时还有几句赞礼的话,如:除我外,不许将来有他人给你穿戴。"(见R.艾斯勒,《外套与天幕》Robert Eisler, Weltenmantel und Himmelszelt)

我希望你们听到赖克的话，可能会引起注意的。我们又发见许多新的象征，现可举两例如下。依据阿伯拉罕(Abraham，1922)，蜘蛛入梦即为母亲的象征，但，这是人所害怕的有生殖力的母亲，所以怕蜘蛛意即怕和母乱，怕女性的生殖器。你们也许知道神话中女妖墨杜萨(Medusa)的头可还原为同样的怕阉割的动机。还有一个象征就是桥梁。费伦齐(Ferenczi)曾经加以解释(1921— 39
1922)，以为它是男性生殖器的象征，因为它把性交时的两性相连起来。但是这个象征又由第一义而得到一个广义。因为男性殖器使一个出于水而入世，所以桥梁意即指由**那里**(未产状态或子宫)到**这里**(生命)的一条路径，又因为人们以为死是复返于母亲的子宫(也就是复进于水)，所以桥梁的象征又得有引人于死的意义；最后，桥梁的象征若更和原意相远，便有过渡或任何情境的变化的意义。所以一个女人若未能打消要作男人的欲望，便常梦见桥短难达对岸。

显梦的影像和情境常令人想起神仙故事，传奇及神话中的题材。梦的解释并可用以说明产生这种题材的原始动机，虽然我们要记得这种材料往往随时间的经过而改变其意义。释梦工作揭露了我们所谓原料的意义，我们常有足够的理由把这些原料看作最广义的性，但后来的研究提出了极不一致的看法。对于精神分析持有异议的学者却常对我们这种追踪的分析表示愤怒，似乎我们否认或低估了这些原料后来所经历过的发展。但是我们的这种看法依旧是有意义和兴趣的。塑造艺术的各种主题的追本穷源的研 40
究也可得到同样的结论，例如艾斯勒(J. Eisler，1919 年)受了他的病人的梦的启发，对普拉克西提[古希腊的雕刻家]所雕塑的赫耳

墨斯[希腊神话中的神](the Hermes of Praxiteles),即同一个小孩玩耍的年轻人做了分析的解释。最后,我们不能不指出神话的题材常常通过释梦而得到了说明。例如(希腊神话克里底王所建的)迷宫的故事是肛门出生的象征,那弯曲的小路是肠,希腊传说中的女子阿莉阿德尼(Ariadne)的引线代表脐带。

梦的工作所采用的表现法,我们若愈加研究,便常可愈加明白。我可举几个例证如下。梦中类似的事的重复便表示其次数之多。有一少女有梦如下。她梦入一厅房,见一人坐在椅上;这个梦景重复至六次,八次以上,但那椅子上的人每次所见都是她的父亲。我们若知道房间代表子宫,此梦便甚易了解。这梦即表示少女所常有的幻想,以为她为胎儿时,常见其父来游览其母怀孕时的子宫。梦内的元素常相倒置,进入者本为其父,乃改为梦者自己,我们可不要因此误入迷途,它是有其特殊意义的。父亲的影像的
41 重复,只是表示有关之事的多次重复。而梦又常将时间的关系化为空间的关系。我们可在梦中见他人形小而距远,好像用看戏用的双筒望远镜来倒看似的,意思就是指时间的古远。此外你们可记得前次讲演,我曾举例说明显梦的纯属形式的性质也都可用以达到解释的目的,换句话说,它们都可以译成隐意的内容。你们要知道凡是同一夜的梦都属于同一体系;但是这些梦由梦者看来究竟是连续不断,或分为若干段也极有关系;如果是分段组织的,究竟分多少段呢?其分段的数目常相当于隐意中思路分段的数目;或相当于梦者心内的冲动,这些冲动互相竞争,各得表示于梦的某一特殊的部分之内。一个简短的带头的梦和一个冗长的主要的梦常一为先件,而一为后件;前次演讲已有一例可资说明。一个梦,

梦者若以为是穿插进去的，则实与梦念中的一个副句相当。亚历
山大（Alexander，Franz）于讨论联对梦的文章里，证明同夜发生的 42
两个梦在梦的机能的实现上各有其地位，合起来则以两步谋求欲望的满足，分开来则没有可能。梦者倘若要对于某人作非礼的行为，则可于第一梦内，梦及此人，无所隐匿，至于非礼的行为则仅有一个影子，第二梦反是；行为无所隐匿，而人则或不复可辨，或另有一人相代。你们若以为这里似有几分有意掩饰的样子，那是我们应得承认的。联对梦还有一种类似的关系如次，即其一代表惩罚，其他代表罪恶的欲望的满足。梦者好像说：“我若自甘接受惩罚，我便可以作犯禁的行动了。”

关于这些事实的发见和释梦在分析工作中的效用，我就说到这里为止了。我知道你们不耐烦再听我们对于梦的性质和意义的基本态度的改变。你们可能知道我的改变很少。关于我们的学说，“凡梦都是愿望的满足”一语尤其是我们学说中争辩最热烈的一点。一般人常举焦虑的梦以为反对的根据，然而我们的答辩则已详于前期的演讲。我们为保持我们的学说起见，已将梦分为愿
望梦，焦虑梦及惩罚梦三种。 43

即使惩罚的梦也是愿望的满足，但是它们所满足的，不是本能冲动的愿望，乃是内心的批评，检查，惩罚的愿望。我们若遇到一个纯粹的惩罚的梦，则略加思索就可以将它还原而为愿望的梦。惩罚的显梦代替愿望的梦乃由于梦者的反抗。你们要知道神经症的了解以梦的研究为第一种引线。所以关于神经症的知识使梦的概念受其影响，也无足怪。你们不久知道，我们不得不假定心内有一种特殊的批评的及禁止的机能，且称此种机能为超我（the super-ego)。我们既承认梦的稽查为超我的一种机能，所以还须详论超我和成梦的关系。

梦的愿望满足说仅有两重困难，细察这些困难，就会跑得太
远，而且也不能有完满的解答。第一重困难是这样一个事实：即曾
受强烈的震惊或曾受强烈的心理创伤（例如战争中所常见的，且又
44 可见于创伤性的癔病）的人，常在梦内重复唤回创伤的情境。据我
们的梦的学说就不应当有这种情况了。回忆一种最痛苦的创伤的
经验究竟能满足何种本能的冲动呢？这实在是无法揣测的。第二
重困难几乎常见于分析的研究；但其程度不像前项困难的严重。
你们要知道精神分析有一种任务就是要将笼罩在最早期的童年的
失忆症之上的面纱揭开，而将隐藏在其背后的幼儿性生活的表现
召入意识的记忆之内。儿童的这些最早期的性经验总伴有焦急，
禁律，失望，惩罚的痛苦的印象。它们被压抑的原因是我们能够了
解的，但倘若被压抑了，又何以如此容易入梦，何以为那么多的梦
幻景象提供花样，而梦又何以满装着这些幼年情景的再现呢？这
便不易了解了。这些经验是带着苦痛的，与梦想的愿望满足的趋
势似乎是有矛盾的。然而我们在这里也许把困难夸大了。凡属不
可磨灭而不能实现的欲望都与儿童的这些经验结合在一起，而为
我们一生的梦的形成供给动力，我们尽可相信其势力之大，足以使
甚至苦痛的材料推向表面上来。反之，据这种材料入梦的情形看
来，梦的工作的努力也是明显的。它利用化装去掩饰苦痛，而将失
45 望化为满足。就创伤的神经症而言，完全不同；这里的梦常终止于
焦急。我以为我们应当承认梦的机能在这种事例上已经失效了。
我不愿借口于“例外证明了规律”的成语，这句话在我看来似乎是

很可疑的。但无论如何,例外不能废除规律。如果为了研究的目的,将某一精神活动,与其他心理历程互相隔离,我们就能够发见控制这个活动的一些规律。假使我们后来将它放回原处,则因与他种力量接触,我们就得有思想准备去看到我们的发见变成模糊而受干扰了。我们主张梦是愿望的满足;由于考虑到这些困难,你们也许可以说梦是**企求**愿望的满足。你们若懂得心灵动力学,就不会说不同的话。梦在某种条件之下,或仅有几点达到目的,或竟须完全放弃其目的;潜意识的创伤的执著[①],似为梦的机能的最大的障碍物之一。睡眠者不得不梦,因为压抑既入夜而松弛,所以创伤的执著得以进行向上冲的活动;梦的工作本欲将创伤的记忆化为愿望的满足,但终究不能遂愿。在这些情况之下,病者因怕梦的机能的失效乃只得不睡,放弃了一切有关睡眠的观念。创伤的神 46
经症是一极端的事例,但是我们还得以为幼时的经验也有一种创伤的性质;所以梦的机能倘若在他种情境之中而有较小范围的扰乱,那是毫不足怪的。

① 参看《精神分析引论》第 18 讲。——译者

47 第二章　梦与神秘的知识

（第 30 讲）

今天我们要走一条小路，但结果可以通入大道。

我若将梦和神秘知识相提并论，你们可不必惊异。梦常被视为神秘主义的门户，即使到了现在，也仍有不少的人以为梦是一种神秘的现象。我们虽已对梦作过科学的研究，但也不能否认梦和神秘境界是有联系的。什么叫做神秘主义（Mysticism）——玄奥主义（Occultism）呢？你们不要希望我能予这些模糊的概念以明确的定义。我们大约都知道这些名词的意义。它们所指的是另一种超越现世界的世界，所以不受科学的严格方法的裁制。

据玄奥主义的假定，天地间的事物有些是我们的哲学所梦想不到的。我们不必为学院派的窄狭成见所束缚；我们得相信其所可信以为然之事。

48 我们要以科学研究处理他种材料的方法处理这些现象。第一，我们得研究这些历程果否存在；只是能证实其存在而无疑之后，才可设法加以解释。然而我们必须承认，运用理智的，心理学的，历史的因素，即使第一步的研究也有困难。因为它绝不能和他种研究的开始完全相同。

请先述理智上的困难。我可举一简单易晓的例子以资说明。

假定我们在讨论地球内层的构造。我们自然不能有明确的知识。我们假定它内部含有溶化了的重金属。现在试想象有人主张地球的内层为碳酸水或苏打水所构成，我们将必说这是不可能的，因为它与我们所期望的完全相反，且也没有考虑金属说所根据的科学的资料。然而它虽有这些缺点，但也可言之成理。假使有人示我们以苏打水的假设证明的方法，我们当也毫无迟疑细听其说。但假定又有一人于此，主张地球的内层为果子酱所组成，我们对于他的学说却有不同的表示了。我们将以为果子酱非自然的产物，乃人类调制的食品；而且要有果子酱，不能不先有果树和果子，我们可无法在地球的内层给植物及人类的调食法以位置。这个理智抗 49
议的结果将可使我们的兴趣转变方向了；我们不问地球内层是否成于果酱，却问主张此说的人如何竟有此观念，或他究竟是何等样人。主张果酱说者将必深以此为忤，责备我们不应据他所称的科学的成见，而不为其说作一客观的评价。但是他的责备是没有用的。成见不常是可以痛斥的。有时也极有理由，可省却我们许多无谓的麻烦。老实说，成见也只是由他种可靠的判断类推而得的结论。

神秘玄奥的学说多和那果酱说相同，给我们以相同的印象，所以我们尽可不必加以试验而立即指斥它。然而这也不是如此简单的一回事。我提的这个比喻和一切比喻相同，是不能证明什么的，而且它是否为一适当的比喻是可以怀疑的。结论的选择主要决定于我们的态度。成见有时是有用而合理的，但有时也是错误和有害的。是此是彼很难知道。科学史上有许多事例警告我们不要作太草率的结论。譬如前人向以陨石由太空(outer space)落地之说

50 或含有贝壳遗迹的高山从前实为海底之说为谬论。精神分析发见潜意识时也遭遇相同的命运，所以精神分析者不敢轻易用理智的论据驳斥新的学说，尤有其特殊的理由，我们必须承认这种论据不能使我们排除厌恶，怀疑等情感。

我称第二种因素为心理学的。这个因素系指一般人类对于奇异之事的信仰的倾向。生命既以严格的规律加于我们身上，我们当即发生一种势力以反抗思想规律的单调和实证的需要。理性变成了我们的敌人，不许我们有种种享乐的可能。我们若脱离了理性的束缚，而受非理性的诱引，别说是仅有一分钟之久，也都是快乐无比的。学生们在校以文字为戏。专家在科学会议之后拿自己的研究开开玩笑，甚至道貌岸然的人也偶然喜听一次笑话。“智慧和科学是人所最宝贵的力量”，却也有人等待机会力加反抗。人们宁愿舍训练有素的医生转而就诊于魔术家和祝由科；只要玄奥的学说有流传的事实打破定律或条规，我们便热情欢迎。我们的批判力失了效用，知觉错了方向，虽然没有实际的根据也都表示赞成
51 了。无论何人只须考虑人类的这些弱点，便可有理由减弱玄奥知识的价值了。

第三个所谓历史的障碍意即谓神秘境界所供给我们的没有什么新的事实。我们在神秘境界中所遇见的一切奇迹预兆，都已见于古人的传说，是科学尚未发达，想象不受限制的原始时代的产物。我们倘若相信现代神秘家的话，便早应相信古代的那些传说了。我们要记得各民族所有的圣书传说都满载此种奇迹异事，而宗教之所以博得信仰也都以这种奇迹为超人势力的存在的证据。我们于此乃不禁怀疑神秘的兴趣也即为宗教的兴趣，而神秘主义

的运动的秘密动机之一就是要在宗教受科学进步的威胁时，给宗教信仰呐喊助威。我们既发现了这个动机自不免更厌弃所谓神秘现象的研究了。

然而这个厌弃的倾向是必须破除的。这全是一个事实问题：
神秘主义者所告诉我们的话究竟是真的或是伪的呢？这个问题当 52
可凭观察解决。老实说，我们还得要感谢那些神秘主义者。自古流传至今的奇闻异事已没有证验的可能了。我们若说不能证其为真，至少也不能证其为伪。但是对于目前亲历的事迹，我们当能得一明确的结论。假使我们相信这种奇迹不见于今日，便不怕有人说这种奇迹或曾见于古昔。他种解释或更可言之成理。因此，我们须破除成见，直接从事于玄奥现象的观察。

不幸的很，我们现在所要进行的讨论很难表明我们的好意。我们的判断所须依靠的证据是知觉可疑，注意迟钝的条件下的观察而取得的。譬如白等了许久时间之后，可供观察的现象才发生于暗室之内或黯淡的红光之下。还有人告诉我们说甚至怀疑或批评的态度都可使期望看到的现象不能出现。因此，那些现象出现的情境和科学研究的情境绝不相同。而且观察的对象又为所谓灵姑或巫祝，这些人据说有特别感觉力，然而他们没有特殊的智力和品格，也未尝怀有伟大的观念或高尚的目的，有如古代的异人一般。所以即使信仰他们的神力的人们也不承认他们绝对可靠；他
们作伪有据的既不在少数，以致我们以为其余各人也都是一丘之 53
貉。他们的所作所为可用以比拟儿童的恶作剧，魔术家的诡计。所以灵姑巫祝的那些灵迹的表现不能给我们以新的力量和任何价值。老实说，魔术家变戏法在空帽中取出鸽子，决不足以增加我们

对于鸽子生育的知识。一个人为求客观的证据，参加了那些玄奥的灵迹，但终至于厌倦而退，依旧坚持其成见；我对于这个人的立场完全同情。你也许责备他的行为的错误，以为一个人要研究一种现象，不能预定其有何种性质或应出现于何种条件之下。相反，他必须忍耐着，考虑现代用以抵制灵姑作伪的预防措施。不幸现代的抵制法使易于接近神秘的观察宣告结束了。神秘现象的研究是一项专门化的困难工作，要进行这个活动就不能同时复有其他
54 兴趣。作这种专门研究的人尚未得有结论之前，我们自然不免存疑而仅凭自己的揣想了。

我以为最可能的揣想，系认神秘主义之中有向未为人所认识而复为欺骗及幻象笼罩着的核心事实。这个核心，我们如何能够接近呢？由哪一点入手才能把握着这个问题呢？我以为我们于此可乞助于梦，因为梦可以使我们想到在杂乱的材料中摄取精神感应的主题。

你要知道精神感应，意即谓某一事件发生于某一特定时间就可以在或迟或早的同时传入远距离外的一个人的意识之内，至于凭借什么传导的方法则无人能知。一般人默认这个事件发生在这个人身上，而接受消息的人一定对他有某种强烈情绪上的兴趣。例如某甲遭遇意外或死亡，与甲有密切关系的乙，如他的母亲，女儿或爱人通过视或听的知觉，大约在事件发生时就知道了。这里好像有电话传达似的，而实则没有。这是一种精神的无线电。我可用不到强调指出这种作用是不大可能的，而且无论如何对这种报告大多数是可有理由予以拒绝的。但也有一些报告是不便这样轻易拒绝的。我得请你们允许我不再把告诉你的话当作不好轻信

的“传闻”，让我姑且相信精神感应现象是客观的现实。但是你们 55
必须记得这种现象是不正常的，我也不使自己在这个问题上作出任何结论。

其实，我所能告诉你们的只有极少数素朴的事实。我还要告诉你们，梦和精神感应的关系并不密切，以便减弱你们的奢望。精神感应既不能使我们对于梦的性质有一种新的了解，而梦也不能使我们证明精神感应的实在。精神感应现象不仅以梦为限；且复见于清醒时的生活。梦和精神感应并举之唯一的理由是因为睡眠的状况似乎特别适宜于精神感应消息的接受。因此，我们若遇到所谓精神感应的梦，我们可不能因梦之分析而相信这种感应消息和清醒时的其他残余东西有着相同的作用，并同为梦的工作所改造而适合其目的。

在分析这种精神感应的梦的时候，曾发见一虽属微不足道，但似甚重要之事，可用以为本讲的出发点。1922 年，我第一次提出这个问题，那时仅有一例。此后我又进行了几种观察；但因第一例最易描写，因此，我仍举此例，并即从而进攻这个问题的核心。

一个很聪明的朋友，据他自己的估计，绝不至受神秘主义的熏
染。他写信给我诉述一梦，他认为这梦甚为奇特。他于述梦之前，56
先说他有一女出嫁他乡，12 月半将生产第一个孩子。他很爱这个女儿，且知她也深爱其父。他于 11 月 16 日和 17 日间的夜里梦见他的妻子生产双生子。此外还有若干细节，现在可略而不述，这些细节不完全有满意的解释。梦中产双生子的妇人是他的第二妻，是女儿的继母。他不愿意同这个妇女生孩子，他认为她不配养育子女，在作梦时，他已早和她断绝性的关系。他写信告诉我，不因

为怀疑我的梦的学说，尽管他的显梦可能有理由使他怀疑；因为那
个梦为什么违反他的愿望，而描述这个妇女生孩子呢？据他所诉
述，他没有理由怕此不愿有之事或将发生。他向我诉述这个梦是
因为11月18日上午忽接一电报，知道他的女儿产双生子。电报
是前一天发的，生产正是16日和17日间夜里，大约和他梦妻子产
双生子同时。他问我是否以为梦和事实同时仅是一种偶合。他不
57 称这个梦为一个精神感应的梦，因为他认梦中生孩子者为一人，事
实上生孩子者又为一人，这是一最重要的异点。但是由他的话看
来，他如果确有一精神感应的梦，也似乎不致惊怪。他相信他的女
儿生产困苦时一定特别想到他。

诸君，我想你们已能解释这个梦了，你们也必了解我为什么引述这个梦。这个梦者既不满意他的第二个妻子，便深愿有像他第一婚产生的女儿一般的妇人以为妻。在他的潜意识内，这“像……一般”数字自被脱漏。夜中他忽受精神感应的消息：他的女儿产双生子。梦的工作利用这个消息，允许他的潜意识的以女代表妻的愿望大肆活动，于是乃有此隐藏愿望而改动消息的内容的显梦。我们得承认释梦证明这是一个精神感应的梦；精神分析更发见一种非其他方法所能认识的精神感应的事实。

然而我们可不要走错了路。释梦可没有一言道及精神感应现
象之为客观的事实。这种现象也许可用其他方法加以解释。那人
的隐梦或可有如下述：“假定我的女儿算错了一个月，她必将于今
58 天分娩了。据我前次所见，她的形状似将产双生子。我的亡妻是
很喜欢孩子的：她若有双生子，将不知她如何高兴了”（最后一点系
得自梦者的联想，上文没有说起）。由此说来，梦的刺激将为梦者

的揣测而非精神感应的消息;结果可仍相同。你们要注意这个解释不能断定精神感应是否为客观的事实。我们要解决这个问题,便须对于其有关的一切情状作详细的研究,但不幸就此例及其他我所知道的各例而言,这种研究都无可能。我们也许认为精神感应的假定给我们以最简单的解释;但这也没有多大效果。最简单的解释不常是真确的,真理常常为非简单的,我们必须十二分慎重,然后作出这种重大的假定。

我们现在可丢开梦和精神感应问题;所可说的已尽于此。但是我要你们注意,给我们以精神感应知识的不是梦,乃是梦的解释,梦的精神分析的研究。因此,下文可暂舍梦不谈,再讨论精神分析的应用是否可令人了解其他神秘的事实。例如思想传授(thought-transference)的现象和精神感应现象密切相关,每易被 59
视为一物。有人以为这个人心内所发生的心理历程如观念,激动状态,意志等,可通过空间而传授于他人,不必采用普通的工具如字符等。最可怪的,古时的奇事异闻录中却最少记载这些现象。

对于病人作精神分析的治疗时,深觉卖卜为业者的活动给我们以一种观察思想传授的好机会。从事于这种职业的大概都是平庸愚劣的人们,分发卡片,审察笔迹和手纹,或运用占星术的推算,然后说明问卜者的过去,现在,且推测其未来。问卜者对于卖卜者的话常表示满意,卖卜者的预测即使最终错误,问卜者也不以为忤。我已遇到不少这种事例,且曾加以分析的研究。我将告诉你们一个最奇异的例子。不幸受职业道德的拘束,有许多细节详目势须竭力保密,一概从略,以致其证据的价值大为减弱。但事实的真相则力求保留。这是一个女病人的故事,她和卖卜者曾有下述

的一段经验。

60 她家有兄弟姊妹数人，她最大，对于她的父亲异常爱慕。她少年结婚，而结婚的生活也甚幸福。只有一点感觉到美中不足，她没有孩子。因此，她所爱的丈夫不能完全代替她的父亲。多年之后，她决定接受妇科手术时，她的丈夫才自承其过，并称在结婚前得一病，以致不能生孩子。她大感失望，开始患神经症，尤其畏惧她丈夫的纠缠。她的丈夫为要使她高兴起见，因有事赴巴黎，带她同去。在巴黎时，有一天，他们正坐在旅馆厅房内，看见侍役忙乱。她查问何事，才知有一卖卜者日前到来，那时正在一房间内为问卜者解答疑难。她也欲往求卜，为她的丈夫所阻，后来在她丈夫不注意时，她偷偷地进入卖卜者的房内。她年方 27 岁，但看起来远较年轻，她私自取下结婚戒指。卖卜者叫她将手放在糠灰碗内，细察她的手印，既为她解释当时的疑难之后，复予以宽慰，说她还可以
61 结婚，32 岁时将可有两个孩子。当她对我诉述此事时，她已 43 岁，体甚病弱，不复能期望生孩子。卖卜者的预言未成事实，可是她于此不仅毫无怨恨，而且表示满足，好像回忆一件快乐的经验似的。我们可以相信，预言中的二的数目，究竟有何意义，她可丝毫没有想到。

你们将以为这是一个毫无意义的故事，我何以转述于此呢？我自然也作此想，只是有一要点：就是，分析的研究已予我们以关于预言的一种解释，而且这个解释在细节上尤其是富有意义。因为二的数目在病者的母亲的生活史中有其相当的地位。她的母亲年过 30 才嫁，家里人常说她已经成功地补偿前之所失。她于同一年内，相隔最短的时间之内生产头两个孩子，病者就是她的长女；

所以她在 32 岁时，确已有两个孩子。卖卜者告诉我的病者的话意思就是说："高兴点吧，你还年轻！你的母亲也等了许久才生孩子，你和她将可有相同经验，32 岁当有两个孩子。"然而跟母亲有相同的经验，相同的地位，代替她和父亲的关系，乃为她幼时最强烈的愿望，而这个愿望的不满足乃开始使她患病。预言允许她满足这 62
个愿望，她如何能不感激那预言家呢？但是你们将以为卖卜者能熟悉一个陌生的求卜者的家庭历史的年月日期吗？那是不可能的；他究竟从哪里得到一点知识，使她能在预言里以二的数目表示我的病者的最强烈而最秘密的愿望呢？我想只有两种可能：(1)她所告诉我的故事和经过都不确实，或者(2)我们须承认思想传授为真实的现象。我们或可以为我的病者过了十六年之后，已将我们刚才所讨论的二的数目由潜意识导入她的记忆之内。我虽然不能为这个揣测提出证据，但也不能排除它，我想你们或许相信此解释为真，而不愿承认思想传授为真。但是假使你们承认后者为真，请勿忘记那神秘的元素既变得无可辨认，乃只可由分析去发见了。

假使我们仅有此一例，自然可以嗤之以鼻。任何人都不至于以一种孤立的观察为有重大意义的信仰的根据。但是我可以告诉你们，我的经验不以这一事例为限；我所搜集的例子很多，都足见卖卜者只是说出问卜者的思想和私欲；因此，我们可分析这种预言，似乎它是求卜者的主观的产物，如幻想或梦。这些例子自然不 63
能有同等证据的价值，也未必同有可能排除合理的解释；但是我们若将所有证据作一总评，便可知思想传授有很大的可能确是事实。这个问题的重要也许值得我将一切例证都向诸君细述；但事实上不能如此，一因材料太长，二因职业道德的束缚不能不严守秘密。

我现在就良心许可的范围之内再举一二例如下。

有一天，一个很聪明的年轻人来访问我。他是一个学生，正在准备医学的毕业考试；但据他自称，他已丧失了一切兴趣，一切集中的注意力，有条理的记忆力，因此，不能应考。这个能力丧失的历史不久就暴露出来了。他以实行一种需要克制自己的行动而患病了。他有一妹妹，兄妹之间互相倾爱，但却常力加克制。他们常互相诉苦，以不能结婚为憾。有一个无可訾议的青年忽和他的妹妹发生恋爱，她也报答他的爱情，但是她的父母不许他们结合。他们转向我的病人求助，他也慨然允之。他帮助他们互通音信，他的
64 父母由于他的影响，允许他们的婚事。他们订婚前，曾发生一件事，这件事的意义是容易揣测的。他和妹妹的未婚夫做伴登一峻岭，可是无人引导；他们中途迷路，几乎都有不能活着回来的危险。妹妹结婚后不久，他就陷入了心力枯竭的病状之内。

他来受精神分析的治疗，结果已能工作，便赴校应试；但考后在同年秋季，复有短时期常来相访。他告诉我，夏季以前曾有一奇异的经验。他的大学城内有一女术士很有声誉。甚至当今皇室王公遇有重要事例也常去向她请教。她的方法甚为简便。她请求卜者说出出生时日，其他即使如姓名之类也都不问。其后她便查阅占星书籍，详加推算，最后说出她的预言。我的病者想用这个女术士的秘密技术推测他的妹夫的未来。他前往访问，供给她以其所需要的材料。她推算后预言："此人将于本年七月或八月吃蟹或蠔，中毒身死。"病者述毕此事，并加以按语，以为"这确足令人骇异了。"

我听他的故事，开始时不感兴趣；到听了这个按语后，便问他：
65 "你何以觉得这个预言可怪呢？那时已在深秋，你的妹夫并没有

死，否则你已早来告诉我了。因此，这个预言未尝见诸事实。”他说：“预言虽未成事实，但仍可令人惊异。我的妹夫酷嗜蟹及蠔，去年夏季（即在我访问那术士之前），曾因吃蠔中毒，几将毙命。”我闻此语，还有什么可说呢？我只深憾以如此聪明的一个青年，受了前次满意的分析之后，竟不能进一步明白此事的经过。由我看来，我的病人没有克服其对于他的情敌的恶感及其所以致病的压抑作用，所以女术士只是表示病人的这个希望：就是：“好食蟹蠔者必将死于蟹蠔。”我承认对于此例只能作此解释，除非病人有意拿我来开玩笑。但据他前后和我的关系而言，我没有怀疑他的根据，而他所说的话则似乎是严肃认真的。

兹可再举一例如次。一个颇有地位的青年结识一个情妇，但在发生关系后，表现出一个值得注意的强迫观念。他常出言侮辱她，伤害她的情感，直至令她失望悲苦，才感觉满足。满足之后，又复和好，送赠她一些礼物。可是他现在要和她脱离关系了，因为那
一强迫观念使他烦恼：他觉得他的职业生命颇受这非法关系的损 66
害，因此，他要正式娶妻成家了。但仅凭他自己的努力，绝不能脱离他的情妇，因此，乃求分析的帮助。有一次受了分析之后，他要她写几个字于纸上，以示一笔迹评鉴家。据评鉴家的报告，这几个字是一深感失望，而不久自杀之人的手迹。那事未成事实，因为那女人仍存活于世，但分析的治疗使病人得脱离其束缚；他离开了情妇，转注意于另一少女，将要娶她为妻。不久他忽得一梦，梦的起因显然由于他怀疑这个少女的品格。他也取得她的笔迹，请同一评鉴家评判。评判的结果证实了他的疑虑。因此，他便打消了娶她为妻的意愿。

要估计笔迹评鉴家的报告(尤其是第一种)的真正的价值,即不得不略知病人的个人的历史。他在青年期内对一个比他大几岁的少妇发生热烈的恋爱,她拒绝他的爱,因此,他企图自杀;他的自杀之意的坚决是无可怀疑的。他之得以不死实亦奇事,只是经过
67 细心的护理后,才得恢复。但是这个鲁莽的举动大足使被爱的少妇受了感动;她酬答了他的殷勤,做了他的情妇。他从此对她异常关切而忠实。过了二十多年的光阴,他们都稍失年轻人的风度,而尤以她为甚,他感有脱离她的需要;他要求自由独立,婚娶成家。当他有此不满足的感受的时候,复起有一种久被克制的报复之念。他从前曾因为被她所拒而自杀,现在乃欲求亲眼见她为他所弃而目戕。但是他仍甚爱她,这个愿望乃不得进入意识;同时他也没有虐待她以便导致她的自杀。在这种心情之中,便以第二情妇为替罪羊,借以满足复仇的强烈欲望,给她以想得到的所有伤害,使她痛苦。至于他的复仇的对象则为他所爱的第一个情妇,这是可由下列情况暴露出来的,例如在他的新恋爱中,他不但不对她隐瞒,且复引她为顾问,为参谋。这个不幸的妇女已经由施恩者的地位降落为受恩者的地位,故她之受他的信任的苦痛也许尤甚于他的新情人之受他的虐待的苦痛。可是使他怨恨,而来受分析治疗的
68 那个强迫观念早已自然地由第一情人而转移于第二情人;他要脱离而无可能的乃是他的第一情人。我不是笔迹评鉴家,不重视根据笔迹而评判品格的技术;更不相信根据一个人的笔迹而可预卜其未来。但是你们可知道对笔迹评鉴学无论怎样估价,但是我们必须承认那评鉴家所说的写那些字的人将于以后数日内自杀,确只是表示求卜者的强烈的私欲。关于第二种字迹的报告也有同样

的情形，只是这里乃不复为潜意识的欲望，而为求卜者刚刚产生的疑虑。我也许可声明一句：我的病人以分析的帮助，也能走出魔术的圈子，作出爱的选择。

诸君，你们已知道梦的解释和精神分析对于神秘主义的贡献了。你们据前举各例，已知道神秘现象不是他种方法所可认识的，但可由精神分析说的应用而显露出来。你们最感兴趣的当然是这种现象的客观实在性是否应当相信的问题；这个问题精神分析虽不能直接解答；但至少就其所搜集的材料而言，似可作肯定的答
复。你们的兴趣或不止于此。你们想知道精神分析不能供应的一 69
些更富于刺激性的材料，究竟导致何种结论。但是这不在我的范围之内，无从解答。我只能告诉你们以精神分析的治疗时所完成的几种观察。我将给你们一个实例，此例使我受印象最深。但因经过较为复杂，你们须将其许多细节牢记于心，而且即属如此，也不免有许多有证据价值的材料只得割爱不述。就此例说，精神感应现象尤甚显著，不待分析而自明。但要加以讨论，则又非分析不能为力。此外我还要预先声明如下：此例虽显然有思想传授在内，但不能用以应付各种反驳，更不能保证无条件地接受神秘现象的现实性。

事情是这样的。1919 年秋季某日，约当上午 10 时 3 刻，我正在治疗一个病人，戴维·福赛斯(David Forsyth)博士从伦敦来投片过访。(我倘若于此告诉你们说他由伦敦大学来此数月学习精神分析的技术，我相信他必不以我不审慎见责。)我在匆忙中只能
道声寒暄，订期再会。福赛斯博士特别引起了我的兴趣；因为他是 70
大战后第一个来访的外国人，似乎是时势好转的预兆。不久，11

点钟了，我的第二个病人P.君来仿。他是一个40余岁的人了，聪明可爱，因和女人有性交感觉困难，只得常来相访。他的病本无治疗的希望，我曾屡劝他停止治疗；但是他宁愿持续受诊，显然是同为他好心好意地视我为父，可借以感到安慰。诊金那时已不成问题了。我有他来访，也可得一休息，我们既放弃医药上的严格的规律，乃得以特定的时间进行分析的治疗。

那一天，P.复有与此女人性交的企图，乃一再提起美丽而冷酷的女子。她的境况不佳，只要他不畏缩，或即可有成功的希望。他常谈及这个女子，但是那一天他却是第一次告诉我这个话：就是，她原不知道他的困难的真理由，常称他为Mr. Forsight〔Vorsicht〕先生。我因此消息甚觉惊异；Forsyth博士的名片尚在我的手旁，乃取给他看。

这些都是事实。我敢说你们必认为这些事实无甚意义；但是
71 你们若有耐性，将必更有所得。

原来P.君少年时曾旅居英国数年，对于英国文学感有永久的兴趣。他收藏着不少的英国书，且常借给我阅读。我虽至今很少读阿诺德·贝内特（Arnold Bennett）及高尔斯华绥（Galsworthy）的著作，但我得认识这些作家，却须归功于他。有一天他借给我一部高尔斯华绥的小说，书名《有产业的人》（*The Man of Property*），主题是关于一个想象的家庭名叫福赛特（Forsyte）。高尔斯华绥显然深喜这个创作，因为他后来所作小说屡次涉及这个家庭中的人物，且复汇为一集名为《福赛特世家》[1]（*The Forsyte Sa-*

① 通译《福尔赛世家》。——编者

ga)。我告诉你的事件发生前的几天之内,P.君曾由此集中购一新卷相赠。福赛特之名便为我和P.君的谈料。这个小说中的福赛特和我的客人福赛斯不甚相异(德国人读此二音更无区别,)而英文表示“先见”之意的 foresight 也发音相同。因此,P.君由其私人的经验提出一个名字,而这个名字则存在我的心内,而他却不知道这个情况。

我们于是便可有一点线索了。但是据我看,我们若将P.君同一小时内所引起的其他两种联想加以分析,则此事更可给我们以深刻的印象,而推知其起源。 72

第一:前星期某日我正期望P.君于11时来访,但是他届时不来,我乃抽暇走访安东·弗罗因德(Anton v. Freund)博士于他的宿舍之内。我发见P.君也寓居于此屋另一楼面之上,乃不禁惊异。后和P.君谈及此事,我说我似曾访他于其家内一样;但是我到那宿舍访问何人,我绝对相信自己没有说过。那一天在提到福赛特君以后,他立即问我:“在民众大学(the Volks-universtät)讲授英文的弗洛伊德—奥托里歌(Freud-Ottorego)夫人是否为老先生的小姐?”我和他相熟如此之久,至此他才第一次将我的姓 Freud 误为 Freund,这是官吏,书记,及印刷所常犯的错误。

第二:他在那一小时之末告诉我一个梦,他由梦中惊醒,带有一点焦急的情感,因此,他称他的梦为“Alptraum”(噩梦)。他说英文用以名噩梦之字,近来忽不复记忆,有人问及此字,他竟误以“a mare's nest”(马厩)作答。这自然是很荒谬的,因为 a mare's nest 的意义不同,而 Alptraum 的正当的译文为“nightmare”。这个联想除同为英文字外没有其他相同之点;但是他使我想起大约 73

一个月前的一件琐事。P. 君和我同在房内，忽有欧内斯特·琼斯(Ernest Jones)博士自伦敦来访。他和我已多时不见了。我点头请他进另一房内，等我诊察了 P. 君再谈。但应接室内本悬有他的相片，所以 P. 君立即认识了他，且请介绍相见。琼斯原为《论噩梦》一单行本的作者。我个知道 P. 君已否读过此书，因为他向来不读精神分析的著作。

讲到这里，我想讨论关于 P. 君的联想及其动机可以通过分析得到何种理解。P. 君对于福赛特之名，和我取同样的态度；有相同的意义；而我对于这个名字的知识尤得力于他。我们所要注意的就是：我刚因那位医生从伦敦来，使这个名字有了另一意义之后，P. 君立即提出它的请求分析，而且他提出的方法也同样地引人注意。他不说："福赛特之名本见于你老先生所读的小说，现在我想起来了，"他没有意识到这个名字的出处，但将它引入他自己的私人经验之内，早不说，迟不说，恰恰在那时说出。他说："我也是一位福赛特，因为这是那女人给我的名称。"我们不难知道这句
74 话为深妒他人，自惭卑劣的混合的表示。我们若补充其意义如下，则虽不中也不远了："你如此注意这个新客人，真个使我难堪。你可再注意我吧；我也是一个福赛特哩，——或者像那女子称呼我的一样，福赛特(Foresight)先生。"又由"英国人"这个观念出发，他的思想的线索逆溯到两种已往的情境，而这些情境也许使他引起同样妒忌的情绪。"几天前你到我的宿舍内访友，可是不来访我，系访一位弗罗因德(V. Freund)先生。"这个观念乃使他将 Freud 改作 Freund。Freud-Ottorego 的名字曾见于演讲的名单，作为一位英文教师的名字，便有利于引起明显的联想。此外他又想到几

个星期前的另一来客，这个来客（琼斯博士）的地位较高，因为他著书讨论噩梦，而他则至多只能作这种噩梦，故此人也为他所忌。关于“a Mare’s nest”（马厩）的错误的意义也与此事有关；意思就是说：“我究竟不是真正的英国人，和我之非真正的福赛特一样。”

我们不能说他的妒忌是不适当的或不可解的。他已经揣测外国学生及病人一到维也纳，他的分析和我们的关系便可立即停止；这后来在事实上也确属如此。但是我们分析的工作在欲求同时发生和由同一动机决定的三个观念的解释。这三个观念的引起是否 75
由于思想的传授呢？这个问题可分为三个不同的观念（1）P. 君是否知道福赛斯博士刚对我作过第一次的访问？（2）他是否知道我到他的宿舍内拜访何人？（3）他是否知道琼斯博士曾著书讨论噩梦？不然，则我对此三事的知识是否传入他的头脑？我这种观察可否引起赞成思想传授的结论就看这三个问题的答案如何而定。第一问姑暂撇开，因为下面两问较易作答。宿舍访友一事初看似甚可作证。我相信戏谈此次访问时，确未尝说出访问何人；我想P. 君绝不致在宿舍内探听我所拜访的究为何人；我敢担保 P. 君决未知有此人。然而此事的证据的价值为一偶然的因素所减弱。我在那宿舍内所访候的人不仅名为弗罗因德，且实为我们的一个好友①。我们能创办一印刷所，归功于他的慷慨。他既早死，而阿伯拉罕复继其后而去世，乃精神分析发展史中的最巨大的不幸，因此，我也许曾告诉 P. 君说，“我已到过你的宿舍内访一朋友”，于是第二个联想的神秘性便烟消云散了。 76

① 德文 Freund，本意即为友人。——译者

第三个联想所给我们的印象也立即消逝。P.君虽不读精神分析的著作，但也许知道琼斯曾刊布一专著讨论噩梦呢？我们的出版公司刊行的书，他都曾购得，也许他曾看见封面上的书名。这无法证明其为然，但也无法证明其为否。因此，这方面不能得出结论。我很抱歉，我这个例子和其他许多例子都可引起相同的抗议。我写这一章，为时太晚，我已不复和P.君见面，不能再问他许多问题之后，才来开展讨论。

我们可回头讨论第一个联想，而且单有这个联想也可证明思想的传授。P.君能知道福赛特博士在他来就诊的15分钟之前曾和我晤面吗？他能知道福赛特博士的生平或福赛特博士降临维也纳吗？我们不能立即对于这两个问题作否定的答复。我也许曾告诉P.君说，我正期望一个医生从伦敦来受精神分析的训练，是大战后来受训练的第一个外国人。这个话也许是在1919年说的；福赛特博士在他未来的前几个月，即已和我通信约定日期。我也许曾提起他的名姓，尽管那是最不可能的。因为我倘若提及过这个名字，则必导致一种谈话，而谈话的经过也必稍留存遗迹于记忆之
77 内。也许我们曾有过此种谈话，也许我完全忘记了，所以分析时P.君提起福赛特先生的名字乃不禁使我惊异。我们若自视为怀疑主义者，则常不免怀疑自己的怀疑主义。也许我隐有神秘主义的倾向，以致易于导致神秘现象。

这个神秘事件虽有一部分已可作此解释，但仍有另一困难的部分。我们姑且认为P.君知有福赛特博士其人，且也知道我正期望他在秋季来维也纳，但是P.君如何在福赛特博士到的那一天，在其第一次来访后，立即对他神经过敏呢？我们或可说这是偶合，

这就是说，我们或可不必加以解释，然而我曾提起P.君的其他两个观念，以便排除偶合性，以便指示你们，说他确对于来访我之人及我所访问之人怀有妒忌的思想，不然我们倘若不以事之很少可能而忽略之，也许可以假定P.君曾看到我有一种异常不安的状态，而我自己则无所感觉，因此，他即加以推论。再不然，我们或许可以假定P.君之来仅在福赛特博士之后的15分钟内，也许曾遇他于邻近之处，认识他的英国人所特有的风度，由于他深怀妒忌，以致立即以为："这是福赛特博士，他既降临，我的分析即告终止； 78
也许他刚离开我的医生呢。"我不能再详述这些合理的假设了。我们于此又无所得了，但是我得承认，由我看来，还是有利于思想传授的。其实，在分析时发见神秘现象的，也不仅是我一人。1926年海伦·多伊奇(Helene Deutsch)也报告过此种现象，并研究这些现象如何受病者及分析者的移情(transference)的关系的影响。

我相信你们必不满意于我对这个问题的主张——你们不完全信以为然，却也有信以为然的准备。也许你们告诉自己说："有许多人终身研究科学，到了暮年，却转而信仰宗教，这里就有一个例证。"我知道有若干人确属如此，然而你们可不要将我列名其内。至少我还没有信仰宗教，我希望自己也不轻信。一个人倘若终身崇拜事实，以免与事实发生矛盾，老年时见有新事实当然要俯首接受。你们自然欢喜我坚持温和的有神论，而力避神秘的趋向。但是我可不要讨人欢喜，总希望你们对于思想传授及精神感应的客观可能性，作较善意的考虑。

你们须记得我仅由精神分析的观点讨论这个问题。十余年前 79
在我注意这个问题时，也曾怕神秘现象倘被证实，科学的观点或有让位于灵学或神秘主义的危险。我现在的观点不同;我想一个人若不能依赖科学以承认而讨论容或真确的神秘现象,似即表示其对于科学没有十二分的信仰了。况且就思想传授而言,似仅使我们用科学的(反对派也许说机械的)思想方法研究心灵的不易捉摸的世界。因为精神感应历程据说是此人的心理活动使另一人引起相同的心理活动。这两种活动之间的媒介也许是一种物质历程,也许是在此方面心理历程转化为物质历程,而在他方面这物质历程又转化为相同的心理历程。正与电话的说话和听话的转化同一道理。试想现在若有人能把握住此心理活动之物质的等值,在学术上必将有何种贡献呢,精神分析将潜意识插入物质的和心理的之间,已算作承认精神感应等历程的准备了。我们若习惯于这个精神感应的观念,便可用以解释许多现象,虽然这还仅在我们的想
80 象之中。我们不知道昆虫类的公共意志是如何形成的。可能它是利用直接的思想传授而进行工作的。我们揣测它也许是个体互相了解的原始的古老的方法。由于在物种发展的过程中改用感官所能了解的符号的一个较进步的通讯法,以致那古老的方法渐被弃而不用了。也许它仍复留存,用于特殊环境之中,例如见于情绪激动的群众。凡此种种都是全凭推测的,充满着未解决的问题,但是我们可不必因此而大惊小怪。

假使精神感应为一真实的历程,则虽难于求证也不妨假定它是一种普通的现象。我们倘若能证明它特易见于儿童的心理生活,便更与我们的期望符合了。儿童往往怕父母知道他们的未尝表露的思想——和成人怕上帝的全知全能正复相似,或后者即为前者的起源也未可必。不久以前,有一可靠的观察者多罗西·伯

林厄姆(Dorothy Burlingham)刊行一文,题名“儿童的分析与其
母”(Child Analysis and the Mother)。她的报告若被证实,即可
打消我们所有对于思想传授的一切疑难了。她先讨论母子同时受
分析的例子,其所报告的怪事有如下述。有一天,在分析时,那位
母亲谈及她在幼时的经验中的一枚金币。后来她回家时,她的十 81
岁的男孩忽入房内,拿给她一枚金币,请代保存。她惊问此币从何
处来。原来这是给他过生日的,但已为数月前的事,现在这个孩子
何以想起这个金币则无从索解。那位母亲将此事告诉分析者,请
他研究那小孩何以有此动作。但是分析的结果毫无所得;那小孩
忽然莫名其妙地有此动作。数星期后,其母正在听从医生的命令,
伏案写作报告。她的儿子忽复来前,索回金币,说要以它呈示他的
分析者。而分析其子的结果也无从推知这个愿望的由来。

我们于此可复返于前之出发点——即精神分析的研究。

82 第三章　心理人格的解剖

（第 31 讲）

诸君，我知道你们对付他人，处理事物，都承认出发点的重要。精神分析也属如此：精神分析的发展及其毁誉也受其出发点的影响。精神分析系从症候出发，而症候则起源于自我的被抑欲望，故尤为自我所不知：被抑欲望存于内而为自我所不知，正像实在之存于外而为自我所难喻。前者宛如内在的外国领土，后者宛如外在的外国领土——原谅我用了这样异常的比喻。精神分析的途径由症候导至潜意识，进抵本能的生活及性生活，因此乃引起时人的批评，以为人不仅有性生活，复有较高尚的情感。也许我们还可以说，人们因受那些高尚情感的意识的鼓励，往往让自己作无聊的思想而忽略事实。

83 你们所知道的当较此为进步。我们自始就主张人们患神经症系由于本能要求及内心反抗的矛盾所致；我们从未忘记了这个反抗、否定、压抑的因素，我们相信这个因素有其特殊的势力即自我本能，相当于通俗心理学中所称的自我。其困难之处就是科学的进展本不得不费力，所以精神分析不能立时研究其一切部分，或说明一切问题。尽管如此，我们究竟也知道不少，现在乃可由被抑的内容而注意于压抑的力量，而面向自我；这个自我虽不需要什么解

释，但也不易找到初步研究的方法。这就是我今天所要演讲的主题。

在未讲之前，我或者可以说，我怕我的关于自我心理学的讲演和前之关于潜意识的讲演对于你们可产生不同的影响。至于究竟为什么则无从断定。我原来的解释以为你或者觉得我先前所告诉你的多为事实，而现在所告诉你的多为理论或思辨。但那是不十分正确的；在我细加思量之后，不能不断定我的自我心理学所有的思辨的程度，可不比在神经症心理学中者为尤大。他种解释也同 84
属可疑，因此，我现在认为这材料本身的性质应负其责，事实是我们不习惯于处理这种材料。无论如何你们现在的判断若较前为迟疑而慎重，我可用不到大惊小怪了。

我们在研究之始所遇到的情境将可指示我们所应取的途径。我们要以自我，或我们自己的自我为研究的客体。但这如何可能呢？自我本为主体(the subject)，如何能变成客体(the object)呢？但这无疑是可能的。自我本可以其本身为客体，和其他客体无异，可加以观察，批评，还可以做天晓得的其他种种活动。在这种情形之下，自我的这一部分可以监视另一部分。而且自我又可以分裂；分裂时至少暂时行使它的许多种机能。其后，分裂的部分又可合而为一。这些都不是新的事实；我们不过是异常强调你们已经知道的某些事实。但就他方面说，我们已知道变态的现象以其夸大过度的特点可使我们明了正常的现象。在病态时有一缺裂之处，在常态时却也许有一连锁。我们若投一结晶体于地，此结晶体即破裂，但是何处破裂不是乱碰机会的；是依裂纹而分成碎片的，而裂纹的界限虽不可见，却都随结晶体的结构而定。精神病就是这

85 种分裂的结构。狂人本为古代人所畏惧，我们对于狂人也不能不有此种畏惧。他们脱离外界的实在，但正由于这个原因，他们乃知道内心的实在较为清楚，能告诉我们许多无法可知的事实。有一种狂人患有被人侦察的幻象，他们诉述其常在作最秘密的活动时，常感有一种不可知的势力或人物加以侦察，他们更患有幻觉，好像听到这些人宣告其侦察的结果，如："现在他说这句话了，现在他要穿衣出去了，"诸如此类，不必尽述。这种侦察和迫害（persecution）虽不完全相同，却也不大相异。总之，这些人似若不信任病人，希望在他作非法违禁之事的时候捉住了他，并从而惩罚他。其实这些狂人也未始不对，我们大家的自我都有一种侦察的机能以惩罚恐吓我们，对他们说来，这种机能脱离了他们的自我，以致被误认为外界的实在。

我不知道你们对于此事和我对于此事有无相同的情感。在我则由于受了这种临床经验的强烈影响，承认侦察的机能脱离自我的其他部分或许是自我结构的正常特点；我到如今尚未放弃这个观
86 念，且从而研究如此脱离了机能有什么特征和关系。进一层说，就侦察的幻觉的实际内容来看，似可知侦察只是判罪及惩罚的第一步，所以这个机能的另一活动必即为我们所称的良心。良心常最易脱离自我，与自我对峙。譬如我欲为某事以求快乐，但因良心不许而不为。或者我所受的诱惑力量太大乃至违背良心而为之，可是事过境迁之后，我乃大受良心的谴责而后悔。我或许将自我中的这一机能特别提出而称之为良心；但是更审慎的办法是将良心的裁判方面的准备所需要的自我侦察机能视为另一实体，而认良心为它的活动的一种。我们既认为它是另一实体，便不得不给它以另一名称，

因此，我们乃称自我的这一机能为“超我”(super-ego)。

我知道你们或将于此讥讽我们的自我心理学是否仅仅扩大日常的一些抽象的东西，而将它们由概念而变成实体，结果却是徒劳无益的。我的答复是：自我心理学自难避免寻常已知之事，我们的目标不在于求新的发见而在对于事实作新的看法和新的组织。因 87
此，我不要求你们放弃批判的态度，但仅期待着新的发展。病理学中的事实给我们的努力以一般心理学所不能供给的背景。此意我还可引申如下。你们若一旦习惯于这个超我的观念，认为它享受一定的独立，追求它自己的目的，不依赖自我而支配它的精力，便立即可以看到这样的临床的景象，这种景象突出了这个机能的严肃性，甚至残暴性，以及它和自我的关系的种种变化。我的意思系指忧郁症(melancholia)；你们虽非精神病医生，却也必听到过这个病。它的原因和机制我们所知道的尚太有限，其最显著的特点就在于超我——或你们所称的良心——对于自我的待遇。忧郁病人健康时，其责己之或严或不严，和一般人无异；但发病时，他的超我便过分虐待了他的不幸的自我，威吓它以最严酷的惩罚，责备它以久已过去而淡忘了的行动，好像一味搜集种种不满意的证据，只是等待力量增加的时候而实施其惩罚。超我既置自我于积威之下，
乃临之以最严格的道德标准；可见我们的罪恶之感也即超我压迫 88
自我的一种表示。这种情感似若为神所赋予而深埋于我们的内心，但其行使职权则有一种周期的现象。过了几个月之后，这整个的道德的竞争忽告终止，超我的批判之声忽告静息，于是自我重复抬头，享受其一切的权利，以待病之再来。有时在这个时候忽然发生完全相反的现象；自我异常欢乐胜利，好像超我已失去势力或已

和自我同流合污似的，狂放的自我乃不复忌惮，满足其一切欲望。这种经过材料丰富，都属于未曾解决之谜。

你们将期望我不仅举一例以证明其关于超我形成或良心起源的知识。哲学家康德曾宣称神之伟大只有繁星的天空及道德的良心最足用以证明。星斗无疑是伟丽的，但就良心而言，神却未免有不均匀而粗心的毛病，因为大多数人的良心都仅有少许或竟微不足道。这可不是我们轻忽“良心为天所赋予”这句话内
89 所含有的心理学的片段的真理，但是这句话需要解释。良心虽存在于我们心内无疑，但绝非在生命开始时便已存在。在这个意义上，它与性相反，不是初生时具备，而是后来形成的。幼童是无所谓道德的。他们没有内心的节制去反对求快乐的冲动。超我后来所起的作用先为一种外力或父母威权的作用。父母以恩惠的赏赐及惩罚的威胁支配其子女；惩罚由儿童看来，意即爱之丧失，不能不怕。这对于外力的客观忧虑乃是后来道德忧虑的先河；前者若正占优势，就没有超我或良心了，只是到了后来，才导致了后起的情境，我们可太高兴地称之为正常的形态；外界的限制转投于内，超我代替了父母的职能，给自我以侦察，指导和威胁，正如父母对待子女一般。

超我既因此取得父母职能的威力、目标及方法，不仅成为父母权的继承者，且也成为父母的化身，其经过情形，我们不久便可知道。但二者相异之点必须首先说明。超我似仅作片面的选择，仅
90 采取父母的严酷性及惩罚的职能，而遗弃其爱护的情感。作父母的若确持戒尺对待子女，我们固不难了解其子女发展严酷的超我的原因，但经验证明，父母养育子女虽极仁爱慈惠，废除刑罚，可是

其子女的超我也仍很严酷，这实在是出人意外的。这个矛盾，等后来讨论超我形成中的本能的变化时，再当详述。

关于父母职能变成超我的过程，我苦于不能尽举以告，一因这个历程非常复杂，以致它的描述不能纳入这种初步的讲演，一因我们自己对于这方面的知识尚嫌不够。因此，你们只能以下文所论述者为足。这个历程的基础即我们所称的摹拟作用（identification），换句话说，这个自我和另一自我相似，结果使第一个自我的言行和第二个自我在某些方面完全相同，前者仿效后者，要与它相一致。这个摹拟作用仿佛将另一人吞入腹内，化为它自己似的。摹拟作用为对他人的关系的最重要的一种，也许最原始的一种，和对象选择（object choice）可不能混同起来。此二者的区别或可说明如下：一个孩子若摹拟他的父亲，他便欲与其父相似；反之，他若以其父为选择的对象，他便欲取其父为己所有；就前者说，他的自
我据其父的模型而加以改造；就后者说，则不必如此。就广义说，91
摹拟和对象选择是不相依赖的；但是一个人既摹拟他人而改造其自我，同时也可取他作为性的对象。据说女人的自我尤易受性的对象的影响，这就是女性的特点。摹拟和对象选择的最堪寻味的关系，前期讲演已经讲过。这可见于儿童，也可见于成人；可见于正常人，也可见于病人。一个人若丧失了爱的对象，或不得不放弃了它，他常摹拟它以补偿其丧失；他将它安置在他的自我之内，因此对象选择复还原于摹拟作用。

这个关于摹拟作用的说明，我自己也深觉不满，但是你们如果承认超我的形成可视为父母权摹拟的好例子，也就够了。这个观点还有下面的一个事实可资证明：就是自我之内的优越职能的新

的创立和恋母情结[①]的命运有极密切的关系，所以超我似即为这个在儿童期内有如此重要性的情结的后身。恋母情结消逝后，儿童放弃了初期对父母所形成的热烈的倾注的对象，为了补偿这个损失起见，他早已表现出来的对于父母的摹拟便较前为尤甚了。
92 这种摹拟常见于年龄稍大的儿童；因为它可被视为放弃了的对象选择的沉淀物。又由于它是富于情绪的情结转变而来，所以在自我内占一特殊的地位。进一步的研究证明恋母情结如果没有完全克服，超我也不能有充分的力量和发展。超我在发展时，也可受继父继母及养育儿童的人们和模范人物的影响。大概地说，超我常和原来的父母相离渐远，乃不复有人身可以代表。此外我们还必须记得儿童在不同的时期对于其父母作不同的估价。当恋母情结给超我让路的时候，儿童正以其父母为高尚的人物，但后来父母就大大失去了权威。摹拟也可取材于丧失权威之后的父母，而常大有助于性格的形成。然而这些影响仅及于自我而不能及于超我，超我则已为最早的父母形象所铸成。

我希望你们现在能知道我假定超我的存在时，我是在描写一个有真实结构的实体，不是仅仅将抽象的东西良心化成一个人物。
93 超我另有一种重要的活动也须附述于此。它是自我理想的代表，自我用它来衡量自己，努力实现它，而力图满足理想的日益完善的严格要求。这个自我的理想无疑就是早年的父母的形象，是儿童赞美父母十全十美的表示。我知道你们已常听说过自卑感乃是神

① 恋母情结（Oedipus Complex），应译伊谛普斯（通译俄狄浦斯）情结，兹从意译。——译者

经症病人的特征。“自卑情结”一词尤常见于有声望者的著作之内。创此一词的作者[①]自以为已满足精神分析的一切要求，且足使他的研究提高心理学水平。其实此词很少用于精神分析，也未必可以使问题化繁为简。如果恰如所谓个体心理学家的主张，把这个情结还原为一个人对于器官缺陷的知觉，便不免知其一而不知其二了。原来自卑感有一强力的色情的基础。儿童当自如为人所不爱时，便感觉到自卑；成人也是这样的。其确不及人的唯一器官在男孩身上就是短小的阳具，在女孩身上就是阴核(clitoris)。但自卑感大部分起源于自我对于超我的关系。与罪恶感相似，它是二者之间的矛盾的表示。自卑感和罪恶感是很难区别的。我们也许可将前者视为道德自卑感的色情的补充物。我们在精神分析 94
中很少注意这种概念的区别。

由于自卑情结已为人所周知，我敢离题片刻。有一个历史人物现仍活着，但已退职了，他曾在出生时受伤，有一肢畸形发育。有一名作家，喜为名人作传，因而也为此人作传。写作传记势难拒绝了解心理的要求。因此，我们的作家乃欲以由肢体缺陷而产生的自卑感为基础，描写其主角的性格的发展。可是他因此乃疏忽了一件细小而却重要的事实。一个女人若生产了一个病弱或残缺的孩子往往施以过分的宠爱，以补偿此种不利条件。但就我们此例而言，这个傲慢的母亲的行为却异于寻常；她因她的孩子残缺竟不复加以爱怜了。当这孩子长大而成为操大权的成人时，他的行为毫无可疑地证明他永远不肯宽恕他的母亲。你们如果记得母爱

① 指阿德勒(A. Adler)。——译者

在儿童的心理生活中的重要，便将能对于作传者的自卑感说作必要的修改了。

但是现在可回述超我。我们已给它以自我监视，良心，及保持理想的活动。由我们对于它的起源的说明，可知它以一个重要的
95 生物学的事实和一个重要的心理学的事实，也就是人类儿童与父母之间的长时期的依赖关系和恋母情结为基础。这两个事实是互相依存的。由我们看，超我是一切道德限制的代表，是追求完美的冲动或人类生活的较高尚行动的主体。因为我们可将它溯源于父母和教师等的影响，所以如果研究这些源流，即可更明白其意义。大概地说，父母师长在教育儿童时也受他们自己的超我的指挥。他们的自我和超我无论有何种关系，但教育儿童时，他们都是严厉认真的。他们忘记了自己在儿童期中的种种困难，乐于充分摹拟他们自己的父母从前对他们的严格的管束。结果，儿童的超我在实际上不是以父母为模型，而是以父母的超我为模型；因此，接受了相同的内容，也保存历代相传的风习。你们可不难知道认识超我对于人类的社会行为的了解，犯罪问题的理解，教育实施的指示
96 究竟有何种辅助。所谓唯物论者即错在看轻这个因素。他们抛弃了它，以为人类的“意识形态”只是任何时期经济基础的产物或经济基础的上层建筑。这确是真理，但可能不是整个真理。人类不完全生活于现在；超我的意识形态保存过去，保存民族的传统，而这种传统则只是逐渐受现在的影响，让位于新的发展，也只能通过超我的活动，才能在人生中起着重要的作用，而完全不依赖于经济的条件。

1921 年我据自我和超我的区别研究集体心理，曾得一公式如

下：个人集合成群，若介入一共同的人物于他们的超我之内，且复以此公因素为基础，在各人的自我中互相摹拟，那便成为一种心理的集体。这自然只是就有一领袖的集体而言。这种应用若更增加，则超我的假设将不复令我们惊怪，而惯于处理心理的下层机构，转而研究其较高的平面时所产生的困难之感也就可以消灭了。当然，我们不自以为划定了超我的界限即可完全解决了自我心理学的问题。这不过是问题的起点，但是这方面的困难却不以第一步为限。

但在自我的反面的一端引起了另一个问题。而其所以引起的原因则由于分析研究时的一种观察，或一种旧的观察。欲求了解 97
它的真价值则需要长久的时间。你们都知道整个精神分析的理论建筑于下列这个事实之上：就是，我们欲使病者化潜意识为意识时，他常表示一种抵抗。抵抗的客观指标是他的联想或忽然停止，或忽然远离本题。也许当他挨近本题时，主观上觉得抵抗的存在而经验着种种痛苦的情感。但这个最后指标可能是缺乏的。我们遇到这种情形时，便告诉病人说，据他的行为看来，可知他正在抗拒，他却自称毫无所觉，只知道联想的困难。据经验所昭示，我们是不错的，但倘若如此，他的抵抗必也为潜意识的，与我们所欲发见的被抑材料一样。过去，我们或将问此种潜意识的抵抗，活动于心灵的那一部分之内。初学精神分析的人将立即回答这是潜意识的抵抗。但这是个模棱两可，毫无用处的答案。你若说抵抗起于被抑的材料，则我们必应之曰否。相反，我们认为被抑的材料必有一种大力往上层冲，冲入意识。抵抗只是自我的一种表示，自我在此时或彼时实施压抑，现在要努力予以支援。这是我们的早年的

98 见解。现在因为我们已假定自我有一特殊的机能，超我，代表限制禁止的势力，所以我们可以说压抑为超我的工作——或由超我亲自出马，或命令自我代为执行。病人受分析时若对于他的抵抗毫无所觉，则必或因超我和自我能潜意识地活动于重要的情境之内，或更加重要的是自我和超我的部分都是潜意识的。无论如何，我们都应该注意一个不协调的见解：就是自我（包括超我）不完全与意识相一致，而被抑的材料也不完全与潜意识同范围。

诸君，我觉得现在理应停息片刻，我希望你们也必愿意的，在未继续讲演之前，我先得向你们表示道歉。我现在要补充十五年前所讲演的《精神分析引论》，我的意思好像以为你们这十五年来，曾专心致志于精神分析。我知道这是一种不可能的假定，然而我也不能不如此。理由是：一个非亲自从事于精神分析的人，极难对于精神分析有深切的了解。我们尽管不愿自称为研究神秘学科的神秘学会的会员；然而我们得承认无论何人倘若没有亲受分析而
99 能有经验，便没有对精神分析的发言权。十五年前讲演精神分析，曾将我们学说中的思辨的部分加以删削，但是今天所欲讨论的新发见却与这些部分有密切的关系。

闲话表过，可再言归本传。上文所提过的两个主张：就是(1)自我及超我的本身也许是潜意识的，(2)它们也许仅产生潜意识的结果，我们可能很有理由拥护第一说。自我和超我的大部分确可为潜意识的，在事实上是常为潜意识的，这就是说，个体不知道它们的内容，或需要一番努力才能使他知道。因此，自我和意识的，被抑的和潜意识的必不能全相一致。我们对于意识和潜意识的见解不得不作一次修订。我们从前或许轻视意识以为不足以为准，

因为它是不可信赖的。但这样做是错误的。意识正与生命相同：价值虽不多，然而我们除了它便一无所有。我们若不借光于意识，将不免在潜意识心理学的黑暗之中迷失方向了。虽然，我们仍得要修订我们对于意识及潜意识的见解。

意识有什么意义，我们可不必讨论；那是毫无疑问的。“无意识”一词的最古老而最妥适的意义是描写的，无论何种心理历程，我们若由其所产生的影响而不得不假定其存在，但同时又无从直接觉知，我们即称此种心理历程为“无意识的”。我们对于这种心理历程的关系正与对于他人的心理历程无异，所不同的只是前者 100
属于我们自己的而已。倘若要求有更正确的意义，我们或可换句话说，一种历程若活动于**某一时间**，而在**那一时间**之内我们又一无所觉，我们便称这种历程为“无意识的”。这个定义却使我们想起大多数的意识历程都仅有一短时间为意识的；不久之后便成为“隐潜的”(latent)，虽然不难复成为意识的。我们也可以说它们在隐潜的情形之中即使不失为心理的，却已成为无意识的了。说了这许多，可能仍毫无所得，也不足以使我们有引入无意识一词于心理学之内的权利。但就前曾讨论过的过失而言，我们可遇到一个新的事实。我们知道要解释一个舌误的例子，便不得不说那说错了话的人的心内已有一个要说出某事的意向。我们由语言的干扰可以推知这个意向的存在，但是这个意向没有表示出来，换句话说，它是无意识的。后来我们倘若以这个意向引起说话者的注意，他也许认它为己所曾有，因此，这个意向只是暂时为无意识的，或者也许他加以否认，于是这个意向便永远为无意识的。这种观察肯定我们称所谓“隐潜的”为“无意识的”，也有相当的理由。而关于

101 这种动力的关系的讨论则又可使我们分无意识为两种:其一不难转变而为意识的材料,其二则这种转变异常艰难,或仅完成于耗费大力之后,或且并此也不可能。我们所称的无意识究竟指的是这一种或另一种,究竟用以表示描写的意义或动力的意义呢?为避免模棱两可起见,我们可用一种直截了当的方法。我们称仅属隐潜而不难又复成为意识的材料为“前意识的”(“preconscious”),而称其他为潜意识的。因此,我们乃有“意识的”、“前意识的”、“潜意识的”,借以描写心理的现象。又纯粹从描写的观点看来,“前意识的”也即为“潜意识的”,但是我们将不予它以这个名称,除非我们在笼统地说,或证实心理生活中的潜意识历程的存在的时候。

我希望你们要承认如此说来,事情是好办的,也是便利的。但是不幸的很,我们的精神分析的研究使“无意识”一词不得不有了第三义;因此,乃大足引致混乱。依据精神分析,我们乃有一新观念,以为心灵的大部分和重要的部分常不为自我所知,所以这些部分所发生的历程在真正的动力的意义上应被称为潜意识的。因此,我们又给“无意识的”一词以形态的(topographical)或系统的
102 意义;例如说前意识和潜意识的系统,自我和潜意识系统的矛盾,于是“无意识”一词日益用以指一心理的领域,而不用以指心理现象的一种品质。关于自我和超我的部分乃为动力的潜意识的发见,初看起来不便利,但也有一便利的结果,可用以排除疑难。我们确没有权利可称心灵的那个既非自我又非超我的区域为潜意识的系统,因为潜意识的性质不是这个区域所独有。我们当不再采用潜意识一词的系统的意义,而给它一个较合式而不会产生歧义的名称。我们受了格洛德克(G. Groddeck)的提示,可借用尼采用

过的名词而称之为“伊底”(id)。这个无人称的代名词似乎特别适宜于表示心灵的这个领域的特性——即自外于自我的特性。因此,超我,自我及伊底是个体心灵的三个领域;下文准备讨论这三个领域的相互的关系。

但在我们继续讲演之前,必须插入一小段闲话。我想你们必将以为心灵的关于意识的三个品质及心灵的三个领域不会合成协调的三对,因此你们会感觉到我们的结论减弱了它的明确性。我个人的见解以为我们不必以此自馁,我们应承认自己没有权利可
希望有如此干净的分界。我可以给你们一个比喻:比喻虽不能有 103
所证明,但可以有助于我们的理解。让我们设想一个国家有不同的地形,如高山,平原和大湖,生活于其地者,有不同的民族,如日耳曼人,马扎尔人[①](Magyars),斯洛伐克人,各从事于许多不同的事业。其居留地的分配也许有如下述:日耳曼人住在山上,牧畜为活,马扎尔人住在平原,种稻和葡萄以自活,斯洛伐克人住在湖滨,捕鱼编芦苇以为生。这个分配若有明确的界限自然可使威尔逊总统一流人物大为满足;而对于地理的教学也极方便。然而你若到这个地方考察,也许看不见这种清楚的排列。日耳曼人,马扎尔人,及斯洛伐克人也许到处杂居,山上也许生有稻田,平原上也许养有牛羊。有一两件事也许如你们所期望,因为山上不能捕鱼,水内不能种葡萄。你所带在身边的地图也许在大体上和事实相合,但在细节上则颇多出入。

关于“伊底”,除了这个名词之外,你们可不要希望我能给你们

① 马扎尔人,匈牙利的主要民族。——译者

许多新的知识。因为这是我们人格的模糊而不易把捉的部分；我们所知道的也极有限，而此有限的知识则得自梦的工作及神经症症候形成的研究，大多数为负的性质，只能以非自我者形容之。如
104 果采用形象化可以为说明之助，我们便可称之为一大锅沸腾汹涌的兴奋。我们假定它可于某处和身体历程直接接触，从它们那里，取得本能的需要，作出心理的表示。但究竟在什么基层上发生接触，我们可说不出来。这些本能给伊底提供精力，但是伊底则既无组织，也无统一的意志，仅仅有一种冲动为本能需要追求满足。至于逻辑律——尤其是矛盾律——则不适用于伊底的历程。矛盾的冲动往往并存而不互相抵消，也不互相分离；至多也不过受经济律的压力而作妥协形式的结合借以宣泄精力。伊底无所谓否定，哲学家称空间和时间乃心理活动不可或缺的法式，伊底则于此语为例外。这是会使我们惊异的。就伊底说，既无所谓时间的观念，也无时间经过的认识，更不随时间的经过而有心理历程的变迁。（这最后一点尤为奇特，有待于哲学家予以适当的注意。）那些永不超越于伊底之外的意动的冲动，甚至于那些因被压抑而降落于伊底的印象，都几乎永久存在，几十年不变，却又似乎是新近发生的。只是经过分析治疗而变成意识的以后，那些冲动及印象才被认识为是属于过去的东西，才可剥夺其重要性而取消其势力，分析治疗的功效大部分系以这个事实为基础。

105 我常觉得我们未能多多利用这个事实：就是，被抑制的内容不随时间的经过而变化。这个事实似给我们一个机会，可用以追求某些深奥的真理。但是我自己也还没有作进一步的研究。

伊底当然不知道价值，善恶和道德。与唯乐原则有密切关系

的经济的或数量的因素支配了它的各种历程。它所有唯一的内容,据我们的观点看来,就是力求发泄的本能冲动。这些本能冲动的精力似乎与心灵的其他区域的精力的状态不同。它远较流动不定,易于发泄,因为倘若不然,我们将必不能有这样的一些移置作用和凝缩作用了,这些作用为伊底所特有,而且完全不依存于其所选择的对象的属性。(就自我说便应称之为观念。)这些事情难道可以不求更深刻的了解吗?你们知道在任何事例中,伊底除潜意识外还可有他种特征,而且自我和超我的部分都可为潜意识的,但不共同具有原始的及非理性的品质。至关于自我的描述,我们倘若将它与伊底及超我区别开来,那么最好注意它和心理的最表面的或前意识(知觉意识)系统的关系。这个系统针对着外界,介入 106
了知觉,而且当活动时还产生了意识的现象。它是整座机器的感觉器官,它不但接受外在的刺激,也复感受内心的兴奋。我们尽可承认自我是伊底的这样一个部分,这部分可因和外界接近而受其影响,又可为感受刺激的目的服务而使机体不受损害,其功用有类于环绕于活的物质(living substance)的周围的外层。它与外界的这个关系尤其是自我的特点。自我以外界的消息供给伊底,从而挽救了它,不然,倘若伊底力求满足其本能而完全不顾强大的外力,便难免于灭亡了。自我为完成这个职能起见,乃不得不细察外界,将外界的知觉影像保存于记忆遗迹之内,且复依据唯实原则,排除外界的这幅画面中所有来源于内部激动的元素。自我为了伊底的利益,控制它的运动的通路,并于欲望及动作之间插入思想的缓和因素,并利用记忆中储存的经验,从而推翻了唯乐原则,而代以唯实原则。唯乐原则对伊底历程发挥巨大的影响,唯实原则则

保证较满意的安全和成功。

时间的关系尽管不易描述，但可由知觉的系统通报自我，这个
107 系统的工作无疑是时间观念的根源。自我有别于伊底之点尤其是在于自我有综合其内容及统一其心理作用的那一趋向，而这则是伊底无能为力的。下文讨论心理生活中的本能时我希望能将自我的这一重要特点作追踪溯源的研究。也就是这个特点，才能产生自我用以取得最大成就所需要的高度组织。自我由知觉其本能，进而控制其本能，但控制之得以完成只是在本能附属于一种较大的组织而有其相当的地位之后。用一句通俗的话，我们可以说自我代表理性和审慎，至于伊底则代表不驯服的激情。

上文已详列了自我的贡献和功能，现在乃可作另一方面的观察。自我究竟只是伊底的一部分，是因接近现实的危险而有意改造的部分。由动力的观点看来，它是软弱的；它的精力是由伊底那里借来的，借的方法那是我们知道的，几乎可被称为“欺诈手段”从伊底那里取得更多的精力。例如这种方法就是摹拟作用，无论其所摹拟的对象究竟系被保留着或放弃了的。对象的选择（或精力
108 倾注 cathexes）来源于伊底的本能要求。自我的第一任务就是注意那些要求。但是摹拟对象，也就可以代替对象而自荐于伊底，并吸引伊底的精力，里比多（libido）以为己有。我们已知道在人的一生中，自我常从过去选中的对象遗物中摄取大量的精力。总之自我不得不实行伊底的意向；它若能创造条件最完满地实现这些意向，它便算已尽其天职了。自我和伊底的关系或可比拟为骑马者与马的关系。马供给运动的能力，骑者则操有规定目的地及指导运动以达到目的地的权力。但就自我和伊底的关系而言，常见有

较欠理想的情境，在这个情境里，骑者策励其马，反而必须依据马所要去的方向跑。

自我借用压抑和抵抗，与伊底的一部分脱离关系。但是压抑的界线不扩大至伊底；于是被压抑的材料并入伊底的其余部分。

我们有一格言，说一仆不能同时侍候两主。可怜的自我，其所处的情境更苦；它须侍候三个残酷的主人，且须尽力调和此三人的主张和要求。这些要求常互相分歧，有时更互相冲突。无怪自我在工作中常常不能支持了。此三个暴君为谁呢？一即外界，一即超我，一即伊底。我们若观察自我同时努力满足或顺从此三者，便不禁要将自我化作人身，而以之为独立的存在体。它感到三面被 109
围，复受三种危险的威胁，抵不住压迫了，因而导致了焦虑(anxiety)。自我既然有来自知觉系统的经验，它就要准备代表外界的要求，但它同时又要当伊底的忠仆，与伊底和善，自荐为伊底的对象，而吸取伊底的里比多。它要调解伊底和现实，有时只得以其前意识的理由掩饰伊底之潜意识的命令，弥缝伊底和现实之间的冲突，且即当伊底坚不肯屈的时候，也以外交家的巧妙方法，表示其对于现实的关切。另一方面，它的一举一动复为严厉的超我所监视，超我规定了行为的常模，不管伊底和外界带来了何种困难；假使不照着这些常模做，它便惩罚自我，使它产生紧张的情绪，表现为自卑及罪恶之感。自我既然一方面受伊底的鞭策，另一方面受超我的包围，第三方面受外界的挫折，乃只得力图减少各方面的势力和影响，而造成和谐。由此，我们可以了解为什么我们常不禁深叹生活的艰苦。自我当被迫自认软弱时，便将发生了焦虑：对外界而有现实的焦虑，对超我而有常规的焦虑，对伊底的激情势力而有神经症

110 的焦虑。

我曾以一个简单的图形描写精神人格的构造的关系。兹将此图重刊如右：

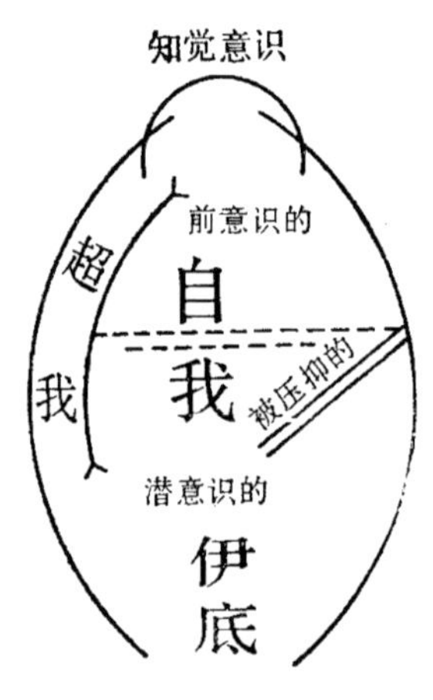

你们将可见超我如何降入伊底；作为恋母情结的继承者，自当与伊底维持密切的关系。它与知觉系统相距又较远于自我。至少就此图说，伊底只是以自我为媒介才可与外界发生交涉。此图究竟正确程度如何，现在太早还不能说；我知道有一点是不对的。潜意识的伊底所占的空间应远较大于自我或前意识所占的空间。你们高兴可据你们的想象加以更正。

现在来总结这虽很详细却不甚明白的讲话，我便不得不提请大家注意。当你们想到人格划分为自我，超我，和伊底时，却不能以为这种界线和政治地理中的界线一样清楚。要说明心灵的性质，绝不能用直线的轮廓；如见于图画或原始人的绘画那样。现代图画有的着色处往往由浓而渐淡，这个由浓而渐淡的阴影或可用以表示心灵的界线。我们在划分之后还必须允许此已被划分之物重复联系起来。人类的心灵甚难把捉，所以我们不能草率地加以
111 判断。这些分界的范围也许都随人而异；可能它们的功能也是这样，有时要经过复杂的过程。至于最后起而最不稳定的自我和超我之间的差别则更属如此。心理的疾病也可产生同样的结果。可以想象，神秘的治疗法也许能颠倒心灵各区域间的正常的关系，以致知觉系统能抓得住平时所不能把捉的关于自我底层和伊底的关

系。这个方法是否能使人掌握终极的真理，从而得到良好的疗效，是应当慎重看待的；但是我们得承认精神分析的治疗的努力也采用相同的方法。因为这种治疗的目的在欲巩固自我，使脱离超我而独立，增大视觉的范围，并取得伊底的新部分以扩大其组织。于 112
是伊底所至之处，自我也将可到了。

这是一种矫正的工作，如为荷兰须德海（the Zuyder Zee）排水一样。

113 # 第四章　焦虑与本能生活

（第 32 讲）

诸君，假使我要告诉你们，关于焦虑及人类基本本能的假设，我已经有了大量的新的知识，你们当不至于吃惊了，但是这种知识可还不能对于这些疑难问题作最后的解决。我说“假设”，那是有用意的。我们的工作以这方面为最困难，但其困难的原因不是由于观察不周，因为实际上给我们以难题的却是最普遍的也最为人所熟悉的现象；也不是由于这些现象导致了脱离实际的思辨，因为这方面几乎不需要思辨。那么问题究竟在哪里呢？的确就在于假设；也就在于介入适当的抽象观念用以整理而说明观察所得的材料。

我曾以一次讲演（第 25 讲）专论焦虑。我须于此重述其概略。
我们已说过焦虑乃是一种情感状态——申言之，即某种苦乐的情
感及其相应的外行神经的冲动的混合，和关于这种情感及冲动的
114 知觉——但是我们曾主张焦虑也许是遗传的某一重要事件的遗
迹，由遗传接受下来，因此可比拟于个体史中所获得的癔病。我们
又曾以为留此后遗症的事件为出生历程，因为在出生时，作为焦虑
特征的心脏活动及呼吸的变化，是有用处的。第一次的焦虑是含
有毒性的。其次，客观的焦虑和神经症的焦虑也有区别，前者似为

对于危险——或预料中的外来的伤害——的应有的反应，后者则全无目的，令人不解。分析客观的焦虑时，我们曾把它解释为感觉的注意及运动的紧张特别增加的一种情境，可名为“**焦虑的准备**”(anxietypreparedness)。由此种准备乃产生了焦虑的反应。焦虑的反应可有两种途径。(1)**焦虑的发展**，或旧的创伤的经验的重复，以一种信号为限，或逃避，或自卫，终于能够适应危险的新情境；或者，(2)旧经验控制了一切，而整个反应因焦虑的发展而枯竭，于是情感的状态使全身瘫痪，不能适应目前的情境。

我们现在乃可专述神经性的焦虑，这种焦虑可有三个方式。(1)为“飘浮着的”、一般的疑虑，随时怕有新的祸事来临的可能，如见于典型的焦虑性神经症。(2)这种疑虑牢固地附着于某种观念，如见于恐怖症(Phobias)，在这种病例中，我们可以发见它与外界 115
危险的关系，但对这种危险的焦虑未免过分夸大了。(3)最后为见于癔病及其他严重神经症中的焦虑；此种焦虑或随症候而同来，或单独表现，或忽来忽逝，或来而不去者若干时，但常没有什么看得见的外界危险可为其焦虑的原因。因此，我们可提出两个问题如下：(1)“人们患神经性的焦虑时，其所惧怕的究竟是什么呢？”(2)“我们又如何能使此种焦虑与外界危险之客观的焦虑发生关系呢？”

我们的探究也非全无收获，所收获的乃为几个重要的结论。关于焦虑的期望，临床的经验已告诉我们，说它和性生活中里比多的倾向有一定的关系。焦虑神经症的最常见的原因为发泄不了的兴奋。里比多的兴奋已被唤起，但无法满足或消耗；由于里比多无处消耗，于是焦虑乃代之而起。我甚至认为这未经满足的里比多

尽可直接化为焦虑。小孩儿皆具有的惊惧，可用以为此说之证。这些惊惧有许多是莫名其所以然的，也有许多可作正确的解释，例如害怕独宿，或生客。独宿和生客使儿童热望母亲做伴；儿童既不
116 能控制这种里比多的冲动，复不能使它暂时克服，乃将它化为焦虑。因此，儿童的这种焦虑，不属于客观的焦虑，但应属于神经性的焦虑。儿童的惊惧，和焦虑神经症中的焦虑的期望乃同为神经性的焦虑发生或里比多直接转化的两个事例。我们不久还可以知道除此之外还有第二个方法，和第一个方法没有很大的差异。

癔病及他种神经症的焦虑的发生系由于压抑历程所致。我们现在相信被抑观念的历史如果和其所附丽着的里比多的历史互相分开，则关于这个历程就可能比从前作更充分的论述。观念既被压抑，便可辗转变化而至于不易为我们所认识；至其附丽的情感，则不管其性质如何，不管其为攻击或爱，都转化为焦虑。里比多分量的不能尽其用，可或由于自我的幼稚柔弱，例如儿童的恐怖症；或由于性生活的身体原因，例如焦虑的神经症；或由于压抑，例如癔病；无论何种原因都不至于发生重要的差异。所以神经性的焦虑的两种机制在实际上是相同的。

我们作这些研究的时候，注意到焦虑的发展和症候的形成有一重要的联系。二者是可以互相转换的。例如患广场恐怖症者，
117 以在街道上忽患焦虑而发病。其后每当出街即有忧虑。他于是造成一个症候——街道恐怖症——这个症候也可视为自我的制止或一种官能的限制。患者由此可避免焦虑的侵袭。反之，他若阻止强迫动作(obsessive acts)之类的症候的形成，便可见有相反的历程。譬如不许患者实行其所要做的洗手仪式，他便发生一种不易

忍受的焦虑，可见他的症候有防止焦虑之效。其实，焦虑的发展在先，症候的形成在后，而症候的造成似欲以制止焦虑。儿童期的第一种神经症为恐怖症，适与此说相合——我们可由此明白开始时的焦虑发展，后来如何为症候的形成所代替；这尤其可为了解神经性焦虑的出发点。同时，我们对于神经性焦虑的所惧何物的问题也可得一答复，并因此恢复神经性焦虑和客观焦虑的关系。病者所怕虑的显然是他自己的里比多。这个焦虑和客观焦虑的不同之点有二——(1)其危险起源于内而不起源于外，(2)不为意识所认知。

就恐怖症而言，我们可明白这种内在危险究竟如何转化为外
在危险；换句话说，神经性焦虑究竟如何变成客观焦虑。现在我们 118
姑且将那常很复杂的事件化而为简，假定患广场恐怖症的患者怕路遇人们对他的引诱，他所常畏惧的乃是他自己的冲动。他在恐怖症中将对内在的惊惧化作了对外在的惊惧。由此所得利益，那是显而易见的；他觉得避免外界的危险较为容易，他可以逃避自救；至于内在危险，则是难以逃避的。

前次讲演焦虑，在结束时，我曾说过我们研究的各种结果虽非实际上互相抵触，但也非全相连贯。焦虑作为一种情感的状态，是一种旧的危险威胁事件的回忆；作为新危险降临的信号，则可为自我保存效劳；焦虑起源于未能利用的里比多，而里比多所以未能利用之故则或由于这个原因，或由于其他，包括压抑历程在内；它为症候形成所代替，因此似受心灵的约束，但无论如何总觉得有一缺陷，以致不能将这些项目造成统一性。

诸君，精神人格既如前章所述，分为超我，自我及伊底，于是我

们对于焦虑问题不得不采取一种新的学说。我们既认定自我为焦
119 虑的唯一的中心，既认定只有自我才能产生而感觉焦虑，于是许多
事实就有一个新的观点。我们一加思索，便足见“伊底的焦虑”或“超我的焦虑”不易有意义可言。反之，自我既有赖于外界，伊底及超我，则自我的三种焦虑——客观焦虑，神经性焦虑及道德的焦虑——就容易发生关系，而我们的学说也可有满意的证明了。同时，我们的新主张说明了焦虑的功用是指示危险情境来临的一种信号，这个功用是我们已经知道的。至于焦虑成于何种材料的问题，现在可不复引起我们的兴趣，而客观焦虑和神经性焦虑的关系却也已可异常明了了。此外，尤堪注意的是我们现在对焦虑形成的了解，似乎复杂的例子比那些似乎简单的例子更加深刻了。

有些恐怖症和焦虑的癔病同类。我们近来已研究某些恐怖症中焦虑引起的情形。由于恋母情结而引起的欲望被压抑的例子尤为我们研究的目标。据我们的推测，把母亲作为对象的里比多投注受了压抑，结果便可转变而为焦虑，表现为代理父亲职能的症候。这个研究的步骤不能尽述于此；总之，研究的结果出人意外，
120 令人惊异。原来产生焦虑不由于压抑，而压抑的产生反由于焦虑。
但其焦虑究竟属于何种性质呢？原来就是对于外来危险的惧怕；换句话说，也就是客观的焦虑。儿童怕他的里比多要求，或对于其母之爱的要求；因此，他的焦虚实应属于神经性焦虑。但是这个爱由他看来似为一种内在的危险，但仅因他的焦虑又涉及一种外在的危险情境，所以欲求逃避便只得放弃他的对象。我们研究这些例子都可得到相同的结果。然而我们得自从当时可未尝预料到，内在的本能的危险只是到达外在的现实危险情境的半路站。

但是我们还没有说儿童因爱恋其母而恐惧的对象究竟是何种
现实的危险。我认为他所恐惧的就是阉割或割势的惩罚。你当然
要反对，以为这究竟不是一种现实的危险。儿童在恋母情结期内
绝不因爱恋其母而受阉割的惩罚。然而这个问题可不易如此取消
的。实际上有无实行阉割是无关重要的；最重要的是这个危险系
从外面来的，儿童且信以为真。其所以信以为真却也不无理由，因
为他在生殖器期中患幼年手淫时，常受过阉割的恐吓；而且物种发
展史对于这个处罚也有所启示。据我们的揣测，在人类家族史的 121
早期，妒忌而凶暴的父亲也许确对其年岁逐渐长大的儿子实施割
势，而割包皮的礼节既常为成年时仪式的一种，当然也可认为是割
势的遗迹。我们知道说这个话与一般的见解大相径庭，但是我们
仍主张割势的恐惧是压抑及神经症的最常见而最有力的动机之
一。儿童手淫的治疗或惩罚，是割包皮而非割势。（这在英美社会
中是常有的事。）关于这些事例的分析尤足证明我们观点的正确。
讲到这里不禁更欲详论阉割情结（castration complex），然而我们
却坚决要言归正传。割势的恐惧自然不是压抑的唯一动机；在妇
女心理学中它是没有作用的；她们有阉割情结，可没有割势的恐
惧。在女人，便代之以失爱的恐惧，显然是婴孩在吃奶时的失母恐
惧的持续。你们当可知这种焦虑所指示的究竟为何种客观的危险
情境。假定母亲离开孩子，或不加以抚爱，那么孩子的需要便无法
保证其满足，他便不免有最痛苦的紧张感。这种焦虑的情境实即
原始的“出生焦虑”（birth-anxiety）的情境，因为出生的结果也是
和母亲脱离。我们对于这个意见是无可非难的。你若引申费伦齐 122
的提示，也许要增加割势的恐惧于其内，因为男生殖器的丧失结果

就不能和母亲或其代替物以性的行为合而为一。我或许可以说，一般人的返于子宫的幻想就是这种交媾欲的代替。此外还有许多大可惊异的事实也许可附述于此；但是我可不应超出精神分析引论的范围。因此，我仅欲请你们注意心理学的研究结果究竟如何使我们进抵生物学事实的边疆。

奥托·兰克（Otto Rank）对于精神分析本曾有许多有价值的贡献，对于出生及和母亲分离一事的注意也大有功绩。我们虽然不能接受他的关于这个因素和神经症及分析治疗的理论的极端推论；但是他于此之前已发见他的学说的重点；就是，出生的焦虑经验为其后各种危险情境的原型（prototype）。假使我们对此略加思索，我们还可说每一发展时期都有其特殊的焦虑情境，也可说是适当的危险情境。心理的软弱无能的危险相当于自我幼年未成熟的时期；丧失对象或丧失爱的危险相当于儿童幼年的需要扶助的时期；阉割的危险相当于生殖器期。最后超我的恐惧相当于成年
123 期。当发展的时候，旧的焦虑情境依次消逝，因为其相当的危险情境已因自我的强大而失其势力了。然而这种发展的程度常很欠完全。有许多人不能解除其失爱的恐惧，他们永远不能脱离他人的爱而独立，但仍于此延续其幼稚的行为。对超我的恐惧在正常情况下，是永不消灭的，因为这是社会关系所不能缺少的，其形式为道德的焦虑；只有极少数的人能向社会宣告独立。有几种旧的危险情境，也能在后来的生活中，以焦虑情境的新的形式，保存其势力。譬如割势的危险化装为梅毒恐怖症。成人们都知道放纵性欲不复有割势的惩罚，但是他们由经验而深知性欲的放纵有得严重病症的危险。神经症患者对于危险的态度仍属幼稚无疑，没有摆

脱旧的焦虑情境。让我们承认这是对于神经症鉴别的实际贡献；至何以如此，则是不易说明的。

我希望你们没有忘记了我们讨论的头绪，而且还记得我们正在研究焦虑和压抑的关系。我们于此已发见了两个新的事实：第
一，焦虑引起压抑，不是像我们过去所推想的压抑引起焦虑，第二， 124
那可怕的本能的情境终于可还原于外界的危险情境。此后的问题就是：我们将如何描写那由焦虑而引起的压抑历程呢？我想其经过的情形可略述如下：自我感觉到初期的本能要求的满足可能引起现在还记得的危险情境。因此，自我须设法抑制，消灭，而减弱这种本能的精力倾注。我们知道自我倘强而有力，能在自己的组织之内容纳这种冲动，则它在这方面的努力便可成功。但就压抑而言，则冲动未脱离伊底，而自我仍自觉软弱。在这种情势之下，自我乃引一特别的技术以自助，而这个技术则根本和正常的思维相同。这种思维对少许精力作尝试的处理。犹如军事长官于行军之前，先在地图上移动小模型的士兵。因此，自我便预先觉得那可疑的冲动的满足，而回忆其前危险情境所带来的痛苦感觉。苦乐原则的自动机制发生了作用，从而压抑了危险的冲动。

你们可能要求我停止讲演，以为我跑得太远，你们不能同我走在一起了。你们是不错的；但是我很有所补充，使你们觉得我的推论似乎也是合理的。首先，我应当承认我要把这样一种历程译成
正常思维的语言，这种历程既不是意识的，也不是前意识的，是在 125
很难描述的心灵深层的充力状况下产生的。然而这不是你们严重抗议的要点，我也是不能不这样做的。更重要的是：我们应当说明在压抑过程中自我和伊底之内各自进行着何种活动。自我的工

作，我们已讲过了。它利用一种试验性的精力倾注（experimental cathexis），借助于危险的信号，发动了自动的苦乐机制。于是我们可能有几种反应了，或者这几种反应作了不同比例的混合。也许焦虑症彻底发展，自我完全回避了不道德的兴奋；也许自我不用试验性的精力倾注，改用反倾注（反充力）对付兴奋，而这个反倾注则与被抑制的冲动力合成一种症候，或为自我所吸收，作为一种反应结构（reaction-formation）或作为某种倾向的加强，或且作为自我的永久改造。焦虑的发展若愈能以唯一信号为限，自我若愈能利用防御动作，达成对被抑欲望的精神约束，那么这个历程便愈能接近于冲动的正常改造的标准，虽然没有达成。这里我想离题两分钟。你们一定认为那难下定义的所谓“性格”（character）应完全属
126 于自我的范围。我们已知道所谓性格究竟是由什么成分构成的。早期的父母职能所形成的超我是它的最重要的成分，其次则为较后时期对父母及其他权威人士的摹拟，和已不存在的放弃了的对象关系所遗留下来的同类摹拟。此外还有自我起初用压抑，后来用正常的方法处理不良冲动时所获得的反应结构以为性格形成的补充成分。

现在可回来讨论伊底。不良冲动在被抑时究竟有何种经过是不易知道的。我们必须解答的主要问题就是冲动的精力或里比多发生了何种变化，并如何被使用着呢？你们当记得我的较早期的假设以为变成焦虑的正是这种精力。但是现在可不敢作此主张；而以较保守的答案为止。它的命运可能不常是一致的。自我发生的事情和伊底有关被压抑冲动所发生的事情是密切对应的。要了解它的性质应当是可能的。由于我们已采取了这样一个观点，认

为苦乐原则对应付危险信号和进行压抑都发生了作用，我们便不
能不改变我们的预测。这个原则对伊底内的变化有无限的威力。
我们还相信它有能力导致有关冲动的深刻变化，而对压抑的影响
则大小迥异，有时范围较大，有时范围较小。在许多事例中，被压 127
抑的冲动可保留它的里比多的对象倾注或选择，继续在伊底内保
持不变，尽管它是在自我不断的压力之下；在其他事例之中，似全
被破坏了，它的里比多最后转入了他种出口。我曾经认为在恋母
情结得到正确处理时，就会发生这种有利的情况，那时恋母情结不
但可被压抑下去，而且实际上在伊底内毁灭了。临床经验更告诉
我们在许多事例中，不发生压抑的常有的结果，而发生里比多的降
级，也就是里比多组织退化到发展的较早阶段。这种情况也仅发
生于伊底之内，发生时也必在危险信号所导致的相同的冲突的影
响之下。最显著的例子是强迫性神经症，在这种病例中，压抑和里
比多退化是携手并行的。

诸君，我怕以上所说的话，你们或不易听懂，或认为是不完善
的叙述，这是我很抱歉的。我唯一的目的在要使你们知道我所研
究的结果的性质，及其讨论时所遇到的困难。研究心理历程若愈
深入，便愈可明白其内容的繁多和复杂。有许多简单的公式当初 128
似乎也可适用，后来便觉有所欠缺了。我们乃不断地加以修正。
就梦的学说而言，十五年来几无一新的发见；现在讲到焦虑，则一
切都在流动和变化。新得的结果尚未加以彻底的整理，也许就因
为这个理由，所以说明也便困难了。然而你们须暂时忍耐；我们不
久即可离开焦虑的问题，尽管对于这个问题没有完满的解决。我
希望你们更前进一步。我们已得有许多新的知识。通过焦虑的研

究，我们对于自我已可加上一个新的特性了。我们曾说过自我较软弱于伊底，为伊底的忠仆，奉行伊底的命令，而满足其需要。这个话我们现在并无取消之意。但是翻过来说，自我是伊底的较有组织的部分，它似乎面向现实。我们也不得过分夸大二者的差异，假使自我对于伊底内的历程发生影响，我们也不应感到惊异。我以为自我借助于危险的信号而运用强大的苦乐原则，也能产生这种影响。不过后来它立即暴露出它的弱点了；因为它利用压抑动
129 作，放弃了它的组织的成分，就使被压抑的冲动永远不再受它的影响了。

关于焦虑问题还有一点须附过于此。神经性焦虑在我们手里已化为客观的焦虑，即对于外界的危险情境的焦虑。但是我们不能以此为止；我们须更进一步，虽然在另一意义上，也就是倒退一步。在这种危险情境之中，实际上危险而可怕的究竟是什么呢？显然不是客观的伤害（它也肯定没有心理学的重要性）而是内心所感受的一种伤害。譬如出生是我们的焦虑的初型，它本身几难被视为一种伤害，虽然有发生伤害的危险。关于出生和关于一切的危险情境相同，其要点是在心理经验内引起一种紧张的兴奋，感觉到痛，但无法解除。在这种情境之内，唯乐原则是不起作用的，我们可称这个情境为一个“创伤”的因素（a ‘traumatic’ factor）；我们依据从神经性焦虑通过客观焦虑到危险情境的这个系列，便可得出一个简单的公式如下：焦虑或畏惧的对象常是一个创伤因素的出现，而这个因素则不是依据唯乐原则的常模所能处理的。我们因此可立即知道唯乐原则的作用不能保证我们抵挡客观的伤害，但只能保证我们抵挡心理经济方面的特种伤害。唯乐原则和

自存本能相距很远;这两种倾向远难一致。但是我们可以观察其他事实,也许由此得到我们所盼望的解决。我想我们一向讨论相 130
对的量的问题。只是激动量的强大才将印象化为精神创伤的因素,这个因素制止了唯乐原则的活动,而予危险情境以应有的意义。假使这是真的,或假使这些问题可应用这个简单的解决办法,那末为什么这种创伤的因素不能见于心理的生活而与假定的危险情境不发生关系呢?而与创伤因素有关的焦虑又不由一种信号所引起,却是从新为了新的理由而表现出来呢?临床经验告诉我们事实确属如此。只是后来的压抑才显示出我们刚才所描写的机制,在这个机制里,焦虑的引起成为先前的危险情境的信号。至于最早而最基本的压抑则直接起源于下列的创伤因素,就是,自我感觉到里比多的过高的要求,这些创伤因素重新引起其特有的焦虑;虽然也仿照着出生情境的模式。由于性的机能的身体的创伤而产生的焦虑性神经症的焦虑的发展也可如此。我们当不再主张里比多本身在这种例子内化为焦虑。但是我看不出有什么理由可反对我们假定焦虑的双重的起源;第一,为一创伤因素的直接结果,第二,为这种创伤因素将再发生的威胁的信号。

诸君,我想你们若知道我将不再讨论焦虑一定会感到愉快的,
但是你这种愉快是片时即逝的,因为下文接着要讨论的,未必即较 131
为容易。我想立即论述里比多或本能的学说,因为在这方面也有过多的新的发展。我不能说我们已有很长足的进步,也不能说你们对于这个问题的注意学习,将可有很大的收获。但是在这个领域里的苦心钻研得到了一些门路和了解;你们只是对我们的努力作证而已。这里,我还要重复过去的演讲。

本能的学说好像是我们的神话。本能就好在意义模糊，无异神话中的人物。我们在研究时从来没有忽视它们，但是否已有明了的见解，则决难自信。通俗的思想如何处理本能，那是你们知道的。它需要多少种本能，便假定多少种，如自夸本能，模仿和游戏本能，一个社会的本能及许多其他本能；它起用它们，各有各的任务，然后便弃而不用了。我们常揣想这许多小本能的背后，也许还有势力更大的东西，我们须予以审慎考察。我们的第一步是带试验的性质的。我们以为先将本能区分为两大类，使相当于人类的两大需要——即饥和爱，想必不致有重大的错误。我们在其他方
132 面虽不愿使心理学依存于他种科学而存在，但是在这方面我们不能不注意下面一个生物学的事实：就是，生物个体服务于自存及传种两个目的，这两个目的似各相独立，其起源也各不相同，而就动物而言，其利害更常相冲突。我们在这方面实即讨论生物学的心理学，而研究生命历程的心理的附属物。根据这个观点，我们乃介入“自我本能”和“性本能”于精神分析之内。前者包举个体的生存，延续及发展。后者兼括幼稚的及反常的性生活。我们根据关于神经症的研究乃视自我为压抑的势力，性的冲动为被压抑的势力，结果不仅深知这两类本能的区别，且复深知它们的冲突。我们研究的目标本仅为性的冲动，而称其势力为“里比多”。我们由性的冲动的研究，想规定本能的界说和性质。于此我们乃进抵了里比多的学说。

本能和刺激不同，一因它起源于体内的刺激，二因它为一常住的势力，不像体外刺激的易于逃避。我们可以说本能是有其起源，
133 对象，和目标的。它的来源为体内的激动，它的目标便为排除这种

激动。本能的心理活动即发生于这个由起源而达到目的的经过之中。我们将它视为一种向某一方向冲上去的一定的势力。我们说有主动的及被动的本能，其实，应当说有主动的和被动的本能的目标；因为甚至要达到一种被动的目标也需要付出活动。目标虽可在体内得到，但必照例有一体外的对象，使本能得以达到体外的目标；在其体内的目标则常为一种身体的变动，被经验为满足。究竟这对于身体的源泉关系是否给本能以任何特殊的性质，或究竟这些性质是什么，我们都尚未明白了解。分析的经验已完全证明起源于这方面的本能冲动可和起源于其他方面的本能冲动互相结合，而且这一本能的满足复可代以另一本能的满足。但是我们须坦白承认对于此事尚未能作很明了的解释。一个本能对于其目标及对象的关系是不难变更的；二者都可以互相交换，但对于对象的关系则更易变动。目标及对象的改变有一种更加富有社会的价值；这特殊的一种可称为“升华”。此外还有理由提出一种“目标退隐的”本能（‘aim-inhibited’ instinct），这些本能的起源是我们所熟悉的，它的目标也甚明确，但往往放弃其满足，结果乃产生一种持久的对象倾注及持久的驱力。例如情爱（feeling of affection）可 134
隶属于此类，因为情爱确起源于性的需要，但常制止其满足。我们却仍未了解本能的许多特性及其历史。这里，我们应当指出性本能和自存本能的另一个区别，这个区别若适用于全组，在学理上便可有极大的重要性。性的本能以可塑性为特点，它既不难改变其目标，复易于用此种满足的方式代替他种满足的方式，更就“目标退隐”的本能看来，它是可以稍缓处理的。假定我们可以说这些特点不适用于自存本能，而自存本能则是不可变的，不许延搁的，或

更加顽强的，对压抑及焦虑作出不同的反应的，那岂不是较便利的吗？但一加考虑，即可知道这些话仅适用于饥渴之类的自存本能，而这显然是由于其本能来源的特殊性。我们的困惑不解大部分是由于我们对于这样一些变化注意不够，这些变化是原来属于伊底的本能冲动因为受了有组织的自我的影响而产生的。

至于有关本能生活如何服务于性的机能一层，我们已有较明
135 确的知识，你们也必已知道了。我们不相信只有一个性的本能，而这个本能自始就是服务于性的机能或两个性细胞结合的一个工具。相反，我们已知有许多种部分本能，起源于身体的各个区域，各自求其满足，我们或可称这个满足为“**器官的快乐**”。生殖器是最后起的**性感区**(erotogenic zones)而这些区域所有器官的快乐都应当称为“性的”。但这些追求快乐的冲动不完全可以纳入性机能的最后组织之内。有许多冲动为压抑或其他方式所排除，等于无用；有些离开原有的目的，用以加强他种冲动的势力，其经过的情形已略如上文所述；有些则依旧存在，但所占地位不太重要，用以引起预备的动作及事前的快感。你们已知道在这个缓慢发展的过程之中，有几个性的准备组织阶段是可被我们承认的，而且性机能的反常或变态的发展，也须参照其历史才可予以解释。这些生殖前(pregenital)的阶段以口唇期(the oral phase)为第一期，因为婴儿获得营养以嘴，所以口唇的性感区控制了这个时期的性活动。到了第二期，虐待的及肛门的冲动占重要地位，这显然和出牙、肌
136 肉组织的加强及括约肌(sphincters)的控制有关。关于此期的发展我们已知道许多有趣的事实。第三期为生殖器期(the phallic phase)，在此期内，男子的阳具和女子的阴核的重要是不能忽视

的。至于生殖期(the genital phase)的名称,我们拟留给青春期后的性的最后组织,那时女生殖器才初次得到了男生殖器早已得到了的承认。

这些话仅属旧事重提而已。你们可不得以为我这次遗漏未提之事即不复可信。我之所以不得不重提旧事者乃欲以此为叙述新进展的起点。我们可以自夸对于里比多的较早期的组织已得到新的知识,而且对于我们所已知之事也早有较深刻的了解。我将引数例以为证。1924年,阿伯拉罕说明虐待和肛门期可分为两期。就前期说,消灭事物的破坏倾向较占优势,就后期说,与对象为友而占事物为己有的倾向较占优势。在此期中,开始为对象设想,可视为对人有爱的先驱。第一期或口唇期也可分成两期。前期只有口唇的吞食,对于对象或母乳的关系是没有二重性的。后期以咬 137
为特征,可名为“**口唇虐待**”期。二重性于此乃有初次的表现,至次期或虐待肛门期就更加明显。我们若要发见某些神经症——如强迫性神经症及忧郁症——的里比多发展的倾向,这些新类别的价值尤属显而易见。我只须请你们重复想起关于里比多执著、癖性及退化的种种已知的事实。

我们对于里比多组织的分期的态度略有修改。我们从前本侧重此期进为次期的经过;现在则注意每一前期究竟有多少成分留给较后期的组织,且复有多少成分在里比多的经济的及个人的性格中获得永久的代表性。更重要的是有些研究已证明回归究竟有多少次发生于病态的情境之下,复证明某种回归为某种疾病的特征。但是我不在此详述这个问题;因为它是神经症心理学专论中的题材。

我们已可研究本能及其类似历程的改变了，尤其是就肛门恋(anal-erotism)而言。肛门恋的冲动起源于性感的肛门区。这些
138 本能冲动的出路之多是令人惊异的。我们随性的发展而产生的对于这个区域的轻蔑的态度也许不易摆脱。因此，我们要记得阿伯拉罕的话：就胚胎的发展而言，肛门本相当于原始的嘴，后来才下降而为肠的下端。个体在发展的过程中厌恶自己的粪便或排泄物，他的起源于肛门的本能的兴趣也许移注于可用以为礼物的对象，事实也确属如此，因为婴孩以粪便为第一种礼物，赠送给抚视他的人，以表示其爱。其后，这对于粪便的老兴趣乃转化而为对于金钱的欣赏，并促进了在感情上对有关儿童和阳具的观念的倾注。所有儿童都有一长时期固执肛门说，以为婴孩由肠生出，和粪无异；出恭乃为出生动作的初型。但是阳具又以“粪柱”(the column of faeces)为其前身，粪柱装满了肠的黏膜管而予以刺激。儿童既知道有些人不具有阳具，他遂以为阳具也可脱离身体，和排泄物相
139 类似。因此，肛门恋转化为阳具恋。但是对于阳具的兴趣除以肛门恋为其基础之外，也许还以口唇恋为更有势力的根据；因为依照吸乳的情境，对阳具的兴趣主要是由母亲胸乳的乳头派生的。

我们若不知道这些底层深度的关系，则幻想、潜意识的联想及症候的意义便没有了解的可能。就这个根据来看，粪便，金钱，礼物，儿童的阳具都可有共同的意义，并可有共同的象征为其代表。你们要记得我对于问题只能给你很不完全的知识。但是我得要声明：后来对阴道所发生的兴趣也多起源于肛门恋。这是不必惊怪的，因为据卢·安德雷阿斯·萨洛梅(Lou Andreas-Salomé)的名言，阴道乃由大肠那边“租借来的”；就同性恋者的生活而言，他们

的性的发展尚未超出某一时期，乃复以肛门代表阴道。我们在做梦时也常见一个地方本仅有一个房间，但后以一墙之隔分为两间，或本有两个房间，后来合为一间。这个梦常暗指阴道和大肠的关系。又如一个女子本欲得一阳具，后乃欲得一孩子，或更欲得一有阳具而能给她孩子的男人，就这个转变的经过来看，更可见以前肛门恋的兴趣后复如何加入于生殖的组织之内。

我们在有关生殖前阶段的研究中，对性格的形成得到了新的 140
知识。我们已知有三种特性几乎常合见于一人：整洁，吝啬和顽固，由关于具有这些特性的人的分析，我们已可下一结论：这些特性实起原于肛门恋分散而耗费于其他用途的结果。因此，我们若见有这些特性的混合，便可称之为“肛门的性格”，在某一意义上，与未经改变的肛门恋成一对比。他如野心和尿道恋之间也有类似的，甚至更稳定的关系。传奇中记载亚历山大大帝的诞生正和某一赫洛斯特拉土斯(Herostratus)因求名而发狂放火焚烧以弗所地方的月神庙在同一夜晚。可见古人也明白这个关系。至于小便和火及熄火的关系的密切，那是你们已经知道的。我们当然希望知道性格的他种特性也起源于生殖前期的里比多构造，如沉淀物或反应结构；但是我们还不能证明这一点。

现在可再要注意较早的一个时期，并研究本能生活的最普遍的方面。自我本能和性本能的对比当初本为我们的里比多说的基础。后来我们对于自我作更详尽的研究，并了解自恋(narcissism) 141
的观念时，这个区别本身便丧失了它的效验。就有些极少数例子而言，自我以其本身为对象，似若和自己发生恋爱。因此，我们乃由希腊传奇中借用“narcissism”(即自恋)一词。然而这实际仅将

正常事态极端夸大而已。我们要懂得自我常为里比多的主要储藏处，对于对象的里比多的倾注即源出于此，也再返于此，至于大部分的里比多则永存于自我。因此，自我的里比多常转化为对象的里比多，而对象的里比多也常转化为自我的里比多。但假定事实确属如此，那么二者在性质上必不至互相差异，而这方面的势力和他方面的势力也无法辨别了；我们或者可放弃了“里比多”这个名词，或者可用这个名词和一般心力(psychic energy)同义。

我们没有坚持这个观点。对本能生活内的对比势力的观念不久也予以更加精确的意义。我获得这个新观点的经过，这里可不必详述；它的根据要不外为生物学的；我现在仅只想略述其结果。我们以为本能有不同的两类，即最广义的性本能(或“εγos”，可译为食色)及以破坏为目的的攻击本能。你们听到这个话，也许不认
142 为它是创见；但仅为一般人所称的爱和恨的对比，也许和物理学为无机物界所假定的吸引和拒斥相同。但是也有许多人认为这个假设为新见解或最应被尽速拒斥的最不良见解。我想这个拒斥乃由于一个强大的情绪因素。譬如我们为什么需要如此久长的时间才承认一个攻击本能的存在呢？为什么如此迟疑而不援引眼前熟悉的事实以为我们的学说之助呢？我们如果要给动物以这种目的的本能，也许不会引起任何抗议。但以这个本能给予人类似乎就感到不敬了；因为它太违反了宗教的成见及社会的习尚。人性本应为善良的。纵使他有时凶狠粗暴，也仅为他的情绪生活的暂时的扰乱，而这种扰乱或也仅由于不善适应社会制度的结果。

然而不幸得很，历史的事实及我们自己的经验和我们所期望的相反，都证明人性本善的信仰只是那样一些不幸错觉的一种，人

类原希望由这些错觉达到命运的美化或改善，但实际上却仅导致灾难。我们不需要持续这个争论。因为我们主张人有攻击破坏的特殊本能的假说，初非因受历史及我们自己的经验的教训，乃由于感觉到虐待狂和被虐待狂的现象的重要。你们当知道性的满足如 143
果以性的对象的痛苦，受伤及屈辱为条件，我们便称之为虐待狂；反之，性的满足若以自己遭受此种待遇为条件，我们便称之为被虐待狂。你们又知道这两种趋势并见于正常的性的关系，假使他种性的目的尽被遗弃，而代以反常的目的，我们便称之为反常的现象。虐待狂和男性，被虐待狂和女性都似有秘奥的密切的关系。我得要告诉你们，在这条路上，尚未有进一步的发展。里比多说很难用以解释虐待狂和被虐待狂，而以被虐待狂为更难；也许这个学说的障碍正为另一学说的基础。

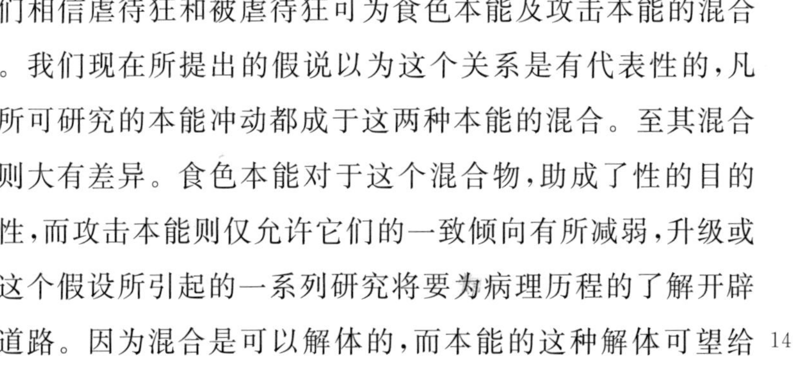

我们相信虐待狂和被虐待狂可为食色本能及攻击本能的混合的好例。我们现在所提出的假说以为这个关系是有代表性的，凡是我们所可研究的本能冲动都成于这两种本能的混合。至其混合的比例则大有差异。食色本能对于这个混合物，助成了性的目的的多样性，而攻击本能则仅允许它们的一致倾向有所减弱，升级或降级。这个假设所引起的一系列研究将要为病理历程的了解开辟重要的道路。因为混合是可以解体的，而本能的这种解体可望给 144
合于需要的机能实现带来最严重的后果。但是这个观点仍太新颖；谁也未试用过。

现在可回来论述被虐待狂所有的特殊问题。我们如果将其食色本能的成分暂置不论，就可见有一种以自我破坏为目的的趋势。我们已说过，自我（或伊底或全人格）原包括一切本能的冲动；假使这句话适用于破坏本能,那么被虐待狂当较虐待狂更为古老;虐待狂乃以他人为目标的破坏本能,所以有攻击的性质。原始的破坏本能可以有不同的分量留存于有机体内;似乎我们可仅认为有下列两种情况,也许它和食色本能混合,造成被虐待狂,也许它以攻击的方式转向于外(至其所混有的食色的成分则可多可少。)我们现在可从而讨论这个重大的可能,就是:转向于外的攻击也许因为有客观的障碍不能满足。也许它因此返向于自己而增加自我破坏的程度。我们当知道这也是事实,而且是一很重要的事实。攻击受了障碍,
145 似可带来重大的损害,为了保护自己,打消自我破坏的趋势,便只得破坏他人或其他物体了。这对道德家说来将会是一可悲的揭露。

但是道德家此后可能继续认为我们的揣测是不可能的,借以安慰自己。毁灭自己的机体却也有一种本能确实是离奇古怪的。诗人也许有这个话,然而诗人是可以不负责任的,他们享有想象的自由权。其实,这个话在生理学内也不是陌生的。我们知道胃的黏膜也可消化它自己。而且我们得承认自我破坏的本能还需要更多的证据。我们当然不能仅看见少数可怜的傻子对于性的满足采取一种奇怪的方式,因而提出一种极端的假设。我想对于本能苦作一种更深入的研究,便可提供我们所需要的事实。本能不仅支配心理的生活,且兼支配植物性的生活,而且这种有机本能所表现的性质也值得我们郑重注意。这是否为一切本能的通性,只可等后来再行决定。本能有要求恢复事物的早期形态的倾向。我们可以假定事物的某一个形态一被毁灭,便立即有一本能重复创生这个形态,由此而起的现象,我们可称之为"强迫的重复"(repetitioncompulsion)。例如胚胎学也仅为强迫的重复;下等动物有一

种能力将已消失的器官重新产生出来；疾病的治疗，全赖人有恢复健康的能力，而这个恢复的本能(instinct of recovery)也许是下等动物的再生力的遗迹。也许鱼类产卵时的迁徙和鸟类的迁徙及动 146
物所可有的一切本能的表现都由于强迫的重复所致，强迫的重复乃表示了本能的保守性。就心灵的区域而言，这种强迫的证据也随处可见。不过常使我们惊异的是：幼儿早期的已遗忘而被压抑的经验重见于梦，及分析治疗时的反应尤以移情作用[①]时的反应为甚，虽然它们的重复引起违反了唯乐原则的兴趣；我们的解释以为，强迫的重复那时已征服了唯乐原则。除分析外，我们也可见有同样的事实。有人终身反复作同一反应，永不改变，以自伤其身，也有人似常为残忍的厄运所扰，虽然细加研究，便可见其所谓厄运实属咎由自取。因此所谓“恶魔”的性格，起因于强迫的重复。

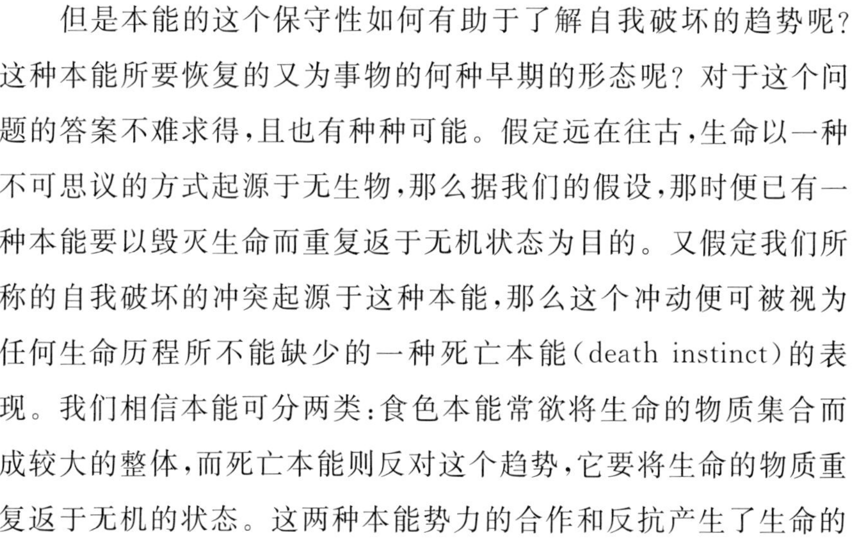

但是本能的这个保守性如何有助于了解自我破坏的趋势呢？这种本能所要恢复的又为事物的何种早期的形态呢？对于这个问题的答案不难求得，且也有种种可能。假定远在往古，生命以一种不可思议的方式起源于无生物，那么据我们的假设，那时便已有一种本能要以毁灭生命而重复返于无机状态为目的。又假定我们所 147
称的自我破坏的冲突起源于这种本能，那么这个冲动便可被视为任何生命历程所不能缺少的一种死亡本能(death instinct)的表现。我们相信本能可分两类：食色本能常欲将生命的物质集合而成较大的整体，而死亡本能则反对这个趋势，它要将生命的物质重复返于无机的状态。这两种本能势力的合作和反抗产生了生命的

① 参看《精神分析引论》第27讲。——译者

现象，到死而止。

你们也许会耸耸肩说：这不是自然科学，这只是叔本华的哲学。但是，诸君，一个大胆的思想家所想象的事。为什么不能为后人的苦心研究所证实呢？在叔本华之前也会有许多人说过同样的话。而且我们所说的话又非确为叔本华的主张。我们不主张死为生命之唯一的目的；我们也不因死而轻视生。我们承认两种基本的本能，并承认它们各有各的目的。至于这两种本能如何在生命的历程中互相混合，或死亡本能如何被迫服务于食色本能，尤其在它转向于外变成攻击方式的时候——这些问题都有待于将来的研
148 究。在我们面前开辟的前景，就此止步不再前进了。所有一切本能是否毫无例外地都没有保守性，食色本能在力求综合生命的物质以造成较大的整体时，是否也不求恢复其较早期的形态，——这个问题只好暂不答复了。

我们已离题太远了，但是我还要告诉你们有关本能学说的感想的起点。我们要重行修订自我和潜意识的关系也以此为起点：即根据分析的研究，深感反抗分析的病者往往不自知其反抗。他不仅不明了其反抗的事实，且也不明了其反抗的动机。我们得要追索这些动机或这个动机，而这个动机往往即为对于惩罚的需求，这是令我们惊异的，我们不禁因此联想到被虐待欲。这个发现的实用价值和其在学理上的重要相等，因为这个对于惩罚的需求实为治疗的大敌。这个需求既在神经症的痛苦中求到满足，于是乃和疾病的状态结下不解之缘。由我看来，这个因素即对于惩罚的潜意识的需求，在各种神经症中都占有一地位。就有些病者而言，神经症的痛苦消灭于他种痛苦发生之时，尤足证我们这个见解的

正确。我可述一例如下。一个中年的处女患病约历十五年之久，149
完全不能工作。我治愈了她的病，她既觉得健康如常，乃从事于种种活动，以期发展其本来不弱的才能，而及时领略人生的成功和快乐的滋味。但是她的种种努力只足令她明白自己的年龄太老，不复有成功的可能。她每有此感，就不免深愿重罹于病，然而旧病已无法再发了，因此她常遭遇意外的灾难，因而暂时不能工作而复受痛苦。譬如她在工作的时候，或跌伤了脚或摔伤了膝，或又跌伤了手。后来她既自觉此意外的灾难，半属咎由自取，乃复像改变了她的方法似的；意外灾难幸而得免，可是她又有小病了，如黏膜炎，喉痛，流行性感冒，或风湿肿等，终至于决心不复从事于工作的时候，这些杂病也随而消逝了。

关于惩罚的这个潜意识需求的起源，我以为是无可怀疑的。它表现为良心的一部分，或延伸为潜意识的良心；它的起源与良心相同，换句话说，它相当于超我所采取的内向的攻击。我们或者可称它为一种“潜意识的罪恶感”，假使这个名词还合用的话。在学 150
理上，我们不知道可否以一切由外而转向于内的攻击都属于超我的工作，或竟有一部分成为自我及伊底的破坏本能。也许确有这种划分，但是我们所知道的以此为限。我想，超我初成立的时候，必以儿童对于父母的攻击为基础，这个攻击由于爱的执着及外界的障碍以致不能向外发泄；因为这个缘故，所以超我的严厉不必相当于他受教育时的严厉。也许后来当攻击横受压制时，这个本能即采取那关键时已打开了的途径。

受这个潜意识的罪恶感的支配的人们，在受分析治疗的时候，必定要作负的反应，成为预测诊断的一种障碍。就普通的病人而

言，我们若替他解除某一症候，这个症候至少也可以暂时消逝；但就
这些病人而言，这个症候及其痛苦反而暂时增加其势力。有时我们
只须赞美其受治疗时的举动，或说几句关于分析可望进步的话，他
们的病痛反而立即加重。一个不以分析为职业的人也许以为他们
缺乏“恢复健康的愿望”；但由分析的观点看来，他们的行为就是潜
151 意识的罪恶感的一种表示，因为这个罪恶感是赞助病痛的持续的。
潜意识的罪恶感所引起的问题，如它和道德教育，犯罪的关系等现
在乃为精神分析者喜欢研究的对象。我们于此却在无意中由心理
的地下世界走到地面上来了。我不能再耽误你们的时间，但在本讲
结束之前，尚须作几分钟讨论。我们常说我们的文化的构成以性的
冲动的牺牲为代价，这个冲动为社会所禁止，便半被压抑，半被用以
完成新的目的。尽管我们可以文化的成就自豪，然而我们得承认一
方面满足这个文化的要求，他方面又安之若素，确不是容易的一回
事，因为本能既受限制，我们的两肩之上就承担了心理的重负。这
就性本能说固属如此，就攻击的本能说或更加如此。攻击本能构成
了社会生活的困难，并威胁它的持久性。攻击本能的限制是社会所
要求于个人的第一种最难忍受的牺牲。我们已知道这个不安分的
原素究竟以何种巧妙的方法使它驯服。超我的建立，便将危险的攻
击冲动化为己有，好像把一队卫兵驻扎在即将叛变的省份之内。但
是反过来说，单纯用心理学的观点看来，我们须承认自我既如此牺
152 牲自己以满足社会的需要而又屈从于专喜向他人进攻的破坏的冲
动，则必然不能有舒适的感觉了。侥幸的很，攻击本能从来不是单
独存在的，它们常和食色本能互相混合。在人类为他自己创造的文
化的条件之下，食色本能便可缓和而克服攻击本能的势力了。

第五章　妇女心理学 153

（第 33 讲）

诸位，我准备这些演讲时，一直和一种内在的困难进行斗争。你们允许我讲的究竟是什么，我还没有十分把握。精神分析尽管因近十五年来的研究有了变动和发展；但是精神分析引论可不必有所改变和扩充。我常觉得这些演讲本无必要。由分析家看来，我所说的太少，且太缺乏新鲜材料；但由你们看来，我可又说得太多，而且都是你们所不愿听或所不能了解的话。我曾为每一演讲设想种种理由。第一讲，关于梦的学说，我想用以使你们复置身于分析的情境之内，认识我们的假设是经得起考验的。由于目前在这个研究领域内，偏颇的期望正与热烈的反抗进行斗争，我得有所表示，因此，我要在第二讲内溯述梦和所谓玄奥知识的关系；请允
许我希望你们能与我一起进行探索，并同以精神分析的事例作出 154
有教养风度的宽容的判断。第三讲讨论人格的解剖，因题材太过新颖，一定对你们造成最难接受的要求；但是我不可能否认我对自我心理学的这个初步的贡献；如果十五年前我已掌握了这个材料，我应当在那时就已经提出了。第四讲你们可能最难领会，但它包含一些必要的修订，和对最重要的问题作出解答的尝试；假使我对它们沉默无言，我的引论一定会把人引入歧途。你们要知道一个

人企求原谅，结果只落得事有必然，无可避免。我决定听凭命运摆布，请求你们也这样做。

今天的演讲也不应在引论内有一地位；但是我可借此给你们一例以详示分析的工作；为此，我可有两个理由。第一，本讲所涉及的都仅为由观察得来的事实，几全无思辨附加于其内，第二，本讲的题材较其他题材尤应引起你们的注意。妇女问题本来是各种民族所欲了解而终未了解的问题。

> 有的头戴象形文字的便帽，
> 有的裹着头巾，戴着黑色方帽，
> 或者戴着假发套，
> 还有成千上万可怜的脑瓜冷汗直冒[①]。
>
> 海涅:《北海集》

155 诸位若为男人，当然曾考虑过这个问题；若为女人，则自身本成一谜，便难望有此考虑了。你们遇见他人，第一必辨别其是男或女，而且这个辨别的判断是绝对确定的。解剖学在某一点上可分享你们的确定性，但只能以此一点为限。男性是有男性的生殖分泌，精子，及含有精子的有机体；女性是有卵巢，及含有卵巢的有机体。两性器官的构成完全有利于完成性的机能；它们也许由相同的基础发展而成两种不同的器官。而且两性的他种器官，体形及组织都各受性的影响（而形成所谓副性征）；但是这个影响是没有规律的，且复有程度上的差异。同时，科学所告诉我们的也有出乎

① 从原诗上下文看，这里指的是古代圣哲先贤对人生之谜的思考。其中头戴象形文字便帽的指古代埃及僧侣，戴着黑色方帽的指天主教神父。——编者

我们意料之外的，这也许又搅乱了你们的情感。科学指出男性器官的部分也可见于女性的体内，虽然只是具体而微的；**反过来说**，女性器官的部分也可见于男性的体内。科学在这个现象里看出**双性**的现象好像那个体非男非女，亦男亦女，只是男性多于女性或女性多于男性似的。你们由此便可知个体内男女性的混合可以有很特别的差异。尽管只有一种产物——卵或精虫细胞——见于任何个体之内，但是你若认为此因素绝对重要，那么你的见解也不免是错误的；你须断言男性或女性的构成有超出解剖学的了解能力的 156
未知因素。

这样说来，心理学能否有较好的成就呢？我们常以男性女性为心理的性质，且也将双性观念引进心理的生活。我们说某人有男性的行为方式，某人有女性的行为方式，不论他是男是女。但是你立即可以知道，这只是仿照解剖学及习俗的成例。你不能给男性或女性的概念以任何种新的内容。二者的差异可不是心理学的；所谓“男性的”意即为“主动的”，所谓“女性的”意即为被动的。这种相关确也存在。男性的生殖细胞是主动的，活动的；它去追求女性的生殖细胞，女性的卵细胞是静止的，被动地等待。这些生殖细胞的行为约略可为交合时的两性个体行为的模式。男的为了性交的目的而追求女的，抓住了她，并冲击了她。因此，就心理学说，男性就被归结为攻击因素了。但是你也许怀疑这个要点，如果你想到，有许多种动物，母的更强大而更富于攻击性，而公的则单在交合时才为主动的分子，蜘蛛也可引以为例。我们以为抚育幼儿似乎主要是母性机能，然而就动物说则不然。有些高等动物，雌雄 157
分担养育幼儿的义务，有时此种义务或竟为雄的所独负。即就人

类的性生活而言,我们立即可以看到以男性行为为主动,女性行为为被动将如何令人不满。母亲对于子女的关系不能不说是主动的:她授小孩以乳房时,是给她吃奶的。总之,我们愈离开狭义的性,便愈足见那两个观念之不能混淆为一。女人可在各方面表现多量的活动,男人必须养成高度的被动的柔和性,才可和妻子和睦相处。假使你说这些事实适足证明男女在心理上是双性的,那么我可揣测你是认主动性为男性,被动性为女性的。但是我得劝你不必如此。由我看来,这个见解是没有用的,不能给你以新的信息。

我们也许以为女性以喜欢被动的目的为其心理的特点。被动的目的自然有异于被动性;因为要完成一个被动的目的,也许需要多量的活动。女人在性的机能上的地位也许有足使她们倾向于被动的行为和被动的目的,而这个倾向也许更随她们的性的模型的影响的大小,而以不同的程度扩大到日常生活。但是我们可不要

158 因此轻视了社会习俗的势力,因为这种势力迫使女人退处于被动的情境。这整个事件尚甚难了解。我们须注意女性和本能生活之间的一种特别常住的关系。女人由于自己的体格和社会压制她们的攻击性,这便有助于发展强烈的被虐待冲动,而这种冲动复足使转向于内的破坏趋势和本能互相结合。因此,被虐待狂确实是属于女性的,但是你有时可能遇见喜欢被虐待的男人,你只好说这些人有女性的性格特征。

你们现在可能要作出结论认为心理学也不能解决女性之谜了。我想解决应求之于其他学科,而且我们若不明白生物如何分成两性,则这个解决也无可能。关于性的区分,我们尚无所知,但是它却是有机生活的一个最引人注意的特点,而且这个特点使它

和无机物迥然不同。同时由于研究那些个体因有女生殖器而获得显著的女性特征，将可有丰富的收获。为了与精神分析的性质相符合，我们不企图描写女人是什么——这将是很难完成的工作——而要研究女人如何由双性的儿童发展而成。我们幸而有几位优秀的女分析家从事于这个问题的研究，对于这个发展的经过近来已略有所知。这个关于两性差异问题的讨论是有特殊启发性的，因为互相对比如果不利于她们的性别，她们会怀疑男分析家尚 159
未能打破轻视女人的根深蒂固的偏见。反之，以双性为根据，可不复有失敬之虞。我们只须说："这不能适用于您的。您是一个例外，您的男性的成分较多于女性的成分。"

我们研究女人的性的发展，系由两个已有的概念出发的；第一、和男人相同，她的体格如果不经过一番奋斗，就不能适应它的机能；第二、决定性的变化在青春期之前就开始发动和完成了。这两个概念后来都有其理由。而且，和男孩比较的结果可见女孩发展而为正常的妇女，其经过较为困难而复杂；因为她有两种额外工作势须完成，和男人的发展不能相比。让我们从头说起吧。男女孩的原有材料彼此不同；这也不必由精神分析代为指出。他们的生殖器官的差异更兼有他种身体上的差异，大家熟悉，不必详说。本能倾向也有差异，可预定妇女后来的性质。女孩照例是较少攻击性和反抗性的，也较欠自负；她们较需要他人的喜爱，因此，也较 160
依赖而柔和。这个柔顺性使她较易和较快地教会控制其排泄物；我们已知道大小便本为儿童奉赠抚爱他的人的第一种礼物，控制大小便乃为儿童的从本能生活中取得的第一种让步。此外，我们还觉得女童较同年龄的男童为聪明而活泼；她较易迎合外界，同时

作较强有力的对象倾注。我不知道她的发展较早之说是否为较精确的观察所证实，但是少女在理智上不落后，那是毫无疑问的了。然而这些性别的差异不十分重要，因为它们可为个别的差异所抵消。为我们眼前的目的起见，我们可暂置不论。

就里比多发展的初期而言，两性似无所不同。我们也许要希望女子在虐待的肛门时期内即较为和顺，但其实不然。据女分析家对于儿童游戏的分析的结果，小女孩的攻击冲动也甚显著而暴
161 烈。在生殖器期之始，两性的差异乃远不及其类似点的重要。我们得承认一个小女孩为一小男人。我们已知道男孩在此期内发现了他的小阳具如何可给他以快乐的感觉，且复以此种兴奋的状态和其关于性交的观念造成联想。小女孩对于她甚至更小的阴核也复如此。她的一切手淫的活动似都以此相当于阳具之物为中心，而实际的女阴却尚未为两性所发觉。关于早期的阴道感觉的报告，处处可见；但这些感觉和肛门感觉及阴道前庭的感觉的异同却不易辨别；无论如何，这些感觉还没有发挥很重要的作用。我们可假定在女子的生殖器期内，阴核乃为有势力的性感区。但稍后便不复如此；一经变化而成女性，阴核的感觉便不得不让位于阴道，而失其原有的重要性。女人的发展所应完成的工作，此即其一；至于较侥幸的男人到了性的成熟期内仍旧持续前期的活动。

阴核的功用稍后再谈，现在可先述女人发展的第二种工作，男孩的第一个爱的对象为他的母亲，在恋母情结成立时持续不变，以
162 至终身。就小女孩而言，母亲也必为其第一个对象（且兼及乳母及保姆等）；其实这第一次的对象倾注系根据于生活的简单需要的满足；儿童的哺乳情形是不因性别而异的。但在恋母情境之内，父亲

乃成小女孩的爱的对象；就正常的发展而言，她便由其父出发，而作其最后的对象的选择。所以女子必须按时变更其性觉区及其对象，至于男孩对于这两件事都不必有所更动。然而这个变更又如何发生呢？小女孩究竟如何由依恋其母改而依恋其父呢？换句话说，她如何由男性期进于其命定的女性期呢？

我们对于这个问题将可有一理想的简单的解决，假使我们认定异性吸引的势力由某一年龄起即开始有效，使女孩接近男人，而男孩则据同一原则依旧不离其母。我们甚至还可以认定儿童的此种倾向只是遵循其父母的性偏好的暗示。然而事实可也不简便至此。我们不知道能否确信诗人们所热情歌颂的那种神秘的、不可能分析的力量。辛勤的研究得到了完全不同的结果，无论如何，与这种研究有关的材料是不难查到的。你们要知道女人长大时尚仍依恋其父的，为数甚多。我们对于这些女人有了最惊人的发见，她们对于其父的依恋程度既颇强烈，时间也甚持久。她们在较早的 163
时期之内曾依恋其母，然其爱的内容不那么丰富，爱的时间也不那么持久，并可能造成执着和偏向。在这个时期内，父亲不过是可厌的竞争伙伴。对母亲的依恋多持续至四岁以上。我们发见她们后来对父的关系几已存在于那种依恋之内；不久也就移爱于其父了。总之，我们不可能理解妇女，除非我们能估计恋母情结前期的这个对母亲依恋的正确价值。

小女孩对于其母的里比多关系，我们当然很愿知道。这些关系甚为复杂。它们经过幼稚的性生活的三个时期，便兼有各时期的特点，如口唇的，虐待及肛门的和阳具的欲望。这些欲望代表主动的及被动的冲动；我们若将这些欲望和其后所有的性的差异连

起来考察(这是我们所应力求避免的),我们便可称它们为男性的而兼为女性的,也就是说,它们是完全具有双重性质的,兼有柔和和敌对攻击的性质。但敌对的欲望只是在化为焦虑的观念时才常
164 可显露于外。这些早期的性欲如何形成,却不常容易指出。其最显明的欲望是要获得受孕的母亲和相应的愿望,因母而生孩子。这两个欲望都属于生殖器期,我们也许觉得奇怪,虽然分析的观察已证明其存在。就由于发见这些异常的事实,所以,这种研究引人入胜。例如被杀或被毒害的恐怖后来可能构成恋母情结前期的反对其母的妄想狂神经症。或者我们可另举一例。你们当记得精神分析的研究史中有一值得注意的事件,使我操心了好久。当我的主要兴趣指向于婴儿的性创伤时,我的女病人几乎都自称曾为其父所引诱。我却认为这些话是不真实的,因此,我理解癔病症候都起源于幻念而非起源于事实。只是到了后来,我才认识为父恋所引诱的幻念乃为女人所特有的恋母情结的表示。现在这引诱的幻念复见于女孩的典型的恋母情结期前;但是引诱者常为其母。这个时期内的幻念可能也有事实的根据:因为母亲在供应儿童的身体需要的时候,常不免引起儿童生殖器上的快感。

我敢说你们将怀疑我这些有关女孩对母亲的性关系的复杂性
165 和强烈性的话都不免言过其实。谁都有许多机会观察女孩子,可是谁都未见有这种事实。然而你们这个抗议是不能成立的。我们若懂得如何观察,那么这种事实便不难看见了,而且你们要知道儿童必不能自觉回忆其性欲,更不能以此告诉别人。因此,如果有人在这个情绪领域出现明显或甚至过度的发展,我们就完全有权研究这些发展过程后来的痕迹和影响。你们当知道病理学常通过分

解和夸张，帮助我们认知在正常状态下的隐秘的事情。我们的研究是不以十分变态的人们为对象的，所以我们认为结果尚有可信的价值。

现在可再研究女孩对母亲的热恋何以有悲伤的结局。我们已知道这个结局常不能免；它后来注定要让位于对父亲的依恋。这是大势所趋，发展所向，无可挽回的。发展到了这一步，就不仅是对象变换的问题。背离母亲是在敌对情绪中进行的，对母亲的依恋终于变成了怨恨。这种怨恨可能是很显著的，终身不灭；或稍后也可能作矫枉过正的弥缝。大概总有一部分克服，一部分存在。
结果自然很受后来生活的影响。我们研究这个怨恨可暂限于开始 166
转向于父亲的那一时期，并限于探索其动机。那时我们可能听到儿童对准母亲提出一系列的冤屈和悲伤之事，目的在于辩护自己对她的不满。这些控诉的可靠值有很大的差异，我们要细加检查。有许多显然是属于理由化作用，我们必须追究其不满的真确的根源。我如果在此详述精神分析的研究，还希望你们多加包涵。

对于母亲往事的指控常说她给小孩哺乳不够，并以此为缺乏爱情的证据。这种怨恨就文明人的家庭而言确不无理由。母亲对于孩子常不能给以充分的营养，哺乳九月，六月，或竟少于六月便认为足够了。就原始的民族而言，儿童至两三岁时尚不离怀抱。母亲的地位本来照例为乳母所代替；不然，对母亲怨恨又取得了另一个方式，以为她将乳母辞退太早了。然而无论其实际情形如何，儿童的这种怨恨不能常有充足的理由。由我们看来，儿童对于第一种营养品的欲望似乎完全难以满足，而缺乳的痛苦似乎也永不
能忘。原始民族的成员，在已能走路说话的时候，仍未断乳，但分 167

析的结果竟也有相同的怨恨，我可不因此吃惊。也许对于毒物的恐怖和断乳有关。毒物是足以致人于病的营养品。或者，儿童也许将幼年时的病溯原于这种挫折（断乳）。我们须多受学术上的训练，然后才能相信意外之事；原始的及未受教育的人们和儿童对于无论何事的出现都能给以理由。这个理由也许原来是（带有灵学意义的）动机。即使到了今天，社会各阶层中也还有许多人以为某人的死亡系为他人（或医生）所谋害。神经症患者若有亲友死亡，常深自谴责，以为这都是由于他的罪孽。

其次，小弟妹在育儿室内的出现也为儿童对母控诉的理由。如有可能，这种控诉与口欲的挫折不无关系：母亲因哺乳新生儿，便不能再给他哺乳了。两儿出生时期如果相近，致令哺乳受到第二孕的妨害，则这个控诉尚有事实的根据。甚至两个儿童年龄相差仅十一个月，其较大的儿童对这种情况也似乎是介意的。儿童妒恨这个不受欢迎的闯进来者和对手不仅为的是母乳，而且为的是母爱的一切其他表现。它觉得自己被推翻了，被剥夺了，权利被
168 侵犯了，因此，妒忌小弟妹，怨恨不忠实的母亲，结果它的行为常由好变坏。它开始顽皮，吵闹，对于大小便也复失去已经学会了的控制能力。凡此种种，我们都久已知之，但是我们却对于这些嫉妒冲动的势力及其对于儿童后日发展的影响，很少能有一正确的观念。这些嫉妒之情在每有一新弟妹时，即复可引起，因此，特别重要。大孩子尽管仍为母亲所钟爱，结果也复相同；它对于爱的要求是没有止境的；它所需要的为专一的爱，不许与任何人分享。

儿童对于母亲的反抗更可以它的多种性欲为原因，这些性欲是随里比多的发展而变化的，大部分没有满足的可能。其最大的

挫折系见于阳具期，那时母亲禁止其和生殖器官有关的快感活动——常助以严厉的警告和谴责——然而这种活动又都由于受了母亲的刺激。我们也许可以认为小女孩厌恶母亲都起源于婴孩的性生活的性质，无限制的爱的要求，及其性欲的不满足。我们甚至 169
可以相信儿童的这第一种爱的关系，就因它是第一种，所以不得不终于消灭，因为这些初期的对象的精力倾注常有极高度的二重性；儿童在热烈的爱的同时，常有一种强烈的攻击趋势，它爱其对象愈切，则愈易感觉失望和挫折。结果，爱乃不得不变为累积的恨。或者反过来说，我们也许要放弃里比多选择的二重说，以为母孩的关系不能不侵扰儿童的爱，因为即极和善的教育也不能不利用威胁和限制。每一次对它的自由的这种干涉总会招致儿童的背叛和反击的倾向。我想讨论这种可能也许很有趣味，但于此却忽有另一抗议，使我们不得不予以注意。那些因素——如被冷遇，失爱、嫉妒，及先之以引诱，继之以禁止等——也见于母子的关系，但不足使子离其母。我们倘若不能求得为女孩所独有而为男孩所缺乏的因素，即未曾解释女孩对母亲依恋的结局。

我们已发现了这个特殊的因素，其位置或在我们意料之中，至其方式则令人惊异。为什么其位置或在我们意料之中呢？因为它 170
存在于阉割情结之内。两性构造的差异究竟可使心理生活受了影响。但据分析的结果，女孩缺乏阳具归咎于其母，因而对她终身不能宽恕。

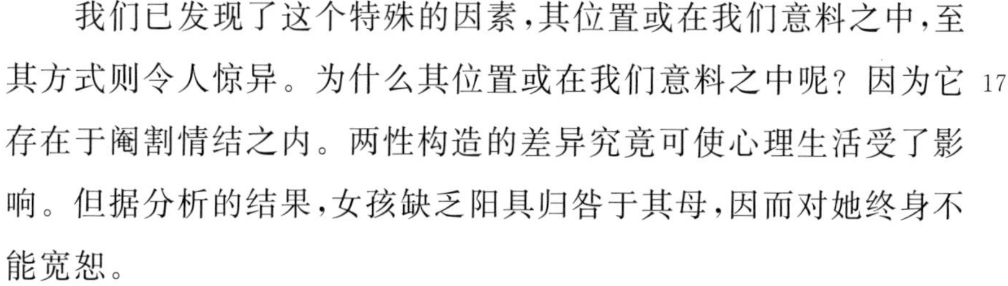

你们记得我们以为女性男性都有阉割情结，我们有此主张也不无适当的理由，然而女孩的阉割情结与男孩相比有不同的内容。男孩既见女性生殖器而知道他所如此宝贵的性器官非必为各人所

同有，因此乃形成了**阉割情结**。他记得玩弄阳具时所引起的恐吓，就开始信以为真，其后更受**阉割焦虑**的影响，给他们将来发展以最强有力的动机。女孩的阉割情结也以看见异性的生殖器官为起点。她立即注意其差异及意义。她自觉有所欠缺，乃常表示其欲得类似于此物，成为阳具妒的患者。这种嫉妒对于性格的发展有不可磨灭的影响，即甚侥幸而消逝，也须消耗了大量的精神能力。
171 女孩自知缺乏阳具，却未必能淡然处之。她欲得此物，久而不变，过了许多年后，也仍信其可能，而且即当她的关于现实的知识已使她承认这个欲望没有满足的可能时，分析的结果仍证明这个欲望留在于潜意识之内，依旧保留其固有的能力。求阳具的欲望或竟促使一成年的女人来接受分析；她理所当然地希望得自分析的，是学术事业的能力，但也常可被认为这个被压抑欲望的升华的化装。

阳具妒的重要是无可怀疑的。也许你们以为女人的这个嫉妒甚于男人之说是男性的不公允的表现。我原不认为嫉妒为男人所无，也不认为女人的嫉妒全起源于阳具妒，但是我仍认为女人的嫉妒多半系受此影响所致。但是许多分析家每易轻视阳具期的这种嫉妒的重要。他们以为妇女的这个态度所表现出来的信号大概是次级结构，这个结构是由后来的某些矛盾使早期婴孩的冲动受了压抑而产生的。这便为深度心理学的一般问题之一。就病理——
172 或仅为异常的——本能态度而言，例如一切性的反常往往发生这个问题：就是，那些本能的力有多少得自早期的幼稚的执著（infantile fixations），或多少得自后日经验及发展的影响呢？这也是两种因素互相补充的问题，如演讲神经症的原因时所说过的。这两种因素以不同的比例造成了神经症；这方面的分量若较小，他方面的分量便较多，以作补充。幼稚的因素每先填一路基；它虽屡屡表明其重要性，但也不常常如此。就此阳具妒而言，我可坚决承认此幼稚因素的优势。

女孩对于自己被阉割的发见乃为其一生的转折点。由此出发乃有三条路线的发展；其一导致性的制止或神经症，其二导致男性情结(masculinity complex)的性格变化，其三导致正常的女性。关于此三点，我们虽未知道一切，却也知道了许多。就第一线的发展而言，女孩本来过着男性的生活，以刺激阴核追求快感，且以此快感和以其母为对象的性欲造成联系(常属于主动性的)，可是现在受了阳具妒的影响，乃不再能享受此种快感。她觉得男孩得天独厚，而自惭形秽，因而放弃其得自阴核的自淫的快感，取消其对于母亲的爱，且复常压抑其一般的性的冲动。这对母亲的背离无疑不是一下子实现的。小女孩起初认为自己的缺乏阳具仅为个人的不幸，后乃渐知其他妇女及其母亲也都一样。她的爱本以其有阳具的母亲为对象；现在既因发现母亲也没有阳具，故渐由爱转化为恨。这就是说，女孩与男孩或成人一样，都因发见了妇女缺乏阳具，故而贬低了她们。

你们都知道神经症患者都认为手淫的习惯是他们致病的重要原因。他们将一切麻烦都归因于这些动作，我们很难使他们自认错误；而在实际上，我们应当承认他们不错，因为手淫乃为幼稚的性生活的原动力，他们的病痛就由于这个不良的发展。所不同者，神经症患者所谴责的是青春期的手淫；至本为重要因素的幼稚的手淫却已有大部分为他们所淡忘了。我原欲详述幼时手淫在决定个体后来的神经症或性格上有如何的重要性——例如手淫是否曾

174 被发见，是否为父母所反对或允许，或是否本人能加以制止。这些细节对于他的发展都有不可磨灭的影响。然而我可不必照此详述；第一，这是一种困难而劳神的工作，第二，我若如此详述，结果你们也许要问，作父母教师的必须如何对付儿童的手淫，我将难于回答了。我现在要讲的问题本为女子的发展史，就这个发展史看来，儿童本身也力求摆脱手淫，但是她不常能做到。假使阳具妒引起一种强大的冲动反抗阴核的自淫，而阴核的自淫不因此而克服，那么女孩便将有一场求解放的激烈斗争，她代管了她所否定的母亲的职权，力图反抗阴核所给她的满足，借以表示她对可耻的阴核的不满。多年之后，她的自淫的活动已早被抑制了，可是她仍有一种兴趣须被解释为对此种诱惑的防御和恐惧。譬如她对于同病的人表示同情；也许她的结婚的动机和对于丈夫或受人的选择都受那一兴趣的支配。幼稚的手淫问题的解决确不是一桩轻易的事。

女孩既放弃了阴核的自淫，便也放弃了少量的活动。她的被动方面占上风了，她之转向于其父，也即由于她得到了被动的本能冲动的帮助。你们当知道这一步的进展，既摆脱了阳具的活动，势
175 必促成女性的发展。这种女性倘于此历程中不因压抑而亏损太多，便终可为正常的。女孩转向于父亲的欲望毕竟是由于阳具欲，这是她的母亲拒绝了她的，所以她现在求之于其父。但是求阳具的欲望须为求孩子的欲望所代替，然后才可到达女性的情境。我们知道在较早的一个时期之内，阳具期尚未发生困难之前，本已有求小孩的欲望。依据古老的象征方程式，儿童代替了阳具。我们也曾知道，女孩在阳具阶段未受干扰前，就已经要有一个小孩了；她之玩弄玩偶即由于此。但是那时的玩弄尚非确为女性的表现，

她只是借此以自己为母，目的是要将被动易为主动。她既为母亲，玩偶即为她自己；她可任意以其母对待她的方法转而对待她的玩偶。只是有了阳具欲之后，玩偶才成为因爸爸而出生的孩子，从此，她乃有最强大的女性的欲望了。这个求孩子的欲望若一旦真个满足，她的快乐可真大了；但特别是这个孩子若为男孩，具有她所期望甚久的阳具，那么她的快乐便更大了。女孩欲因其父而生子，她所重视的常为其子，而非为其父。所以求有阳具的男性欲望仍见于完全发展的女性。也许我们可以承认这个阳具欲基本上是女性的要素。

女孩既将儿童阳具欲转移于其父，她便进入了恋母情结的情 176
境。对母亲的怨恨本不自那时始，但是那时可增大其力量了，因为母亲已成了爱敌。她所希望得自其父的，已尽为母亲所占有了。女孩在恋母情结期前对于母亲的依恋本极重要，留有久存不灭的影响，但她的恋母情结过了很长时间仍为我们所不知。就女孩说，恋母情结的情境乃为长期发展的一个结局，是她的问题的一个暂时的解决，是不能轻易放弃的一种均衡状态，特别是当潜伏期不久就要开始的时候。我们可于恋母情结及阉割情结的关系之内，注意两性的差异，这个差异也许甚为重要。就男孩说，欲有其母，而推翻其爱敌，父亲，这便是他的恋母情结，是由阳具的性生活期自然发展而成的。但是阉割的恐吓迫使他放弃这个态度。他因怕失其阳具而克服了他的恋母情结，这个情结被压抑了，或者就最正常的事例而言，便全被破灭了，代之而起的乃为一个严肃的超我。但就女孩说则几乎完全相反。阉割情结不破灭恋母情结，却为它开辟道路；女孩受阳具欲的影响乃个恋其母而转入于恋母情结的情

境，似乎这就是避难港。阉割的恐怖一经消逝，原动机便随之而
177 去，男孩乃不得不征服其恋母情结。女孩留在这个情绪的情境之内为时较久，只是到了年龄长大时，才能摆脱，且也不能完全摆脱。超我的形成在这些情况之下受到了损害；它不能有力量和独立权，可使其有文化上的重要性；我们若指出这个因素如何使一般女性的发展受其影响，便足使妇女运动家闻之而不快了。

话又说回来了。我们曾认女子的男性情结的发展为发见女性阉割后的第二种可能的反应。这就是说，女子不愿接受这个她所不大高兴的事实而将前曾表现出来的男性变本加厉以示反抗。她还不放弃其阴核的活动，借口于摹拟父亲或阳性的母亲。这是由于什么原因呢？我们以为这是由于一个体格上的因素（a constitutional factor）：就是具有较高度的主动性，如为男人所常具备的特征的主动性。这个历程的要点是在发展的这个阶段，被动性的开始原可使向女性的转化变为可能，但是这个被动性却被取消了。当这个男性情结使得女子的对象选择趋向于明显的同性爱时，她的男性情结就发展到最高峰了。分析的经验告诉我们，女同性爱
178 很少是，或从来不是幼时的男性情结的直接的连续。女同性爱者似乎有一特点，即以父亲为爱的对象历若干天，因而与恋母情结的情境发生联系。但是她们的父亲不可避免地要使她们失望，因而复返于早期的男性情结。这个体格因素的重要性是无可否认的，但是女同性爱的这两个发展阶段在同性爱者的行为中都有明白的反映，她们彼此相对，不但常显然地有如夫妇，而且也有如母子。

我所已告诉你们的或可称妇女的史前期。这是最近数年的成就。你们也许感到这是分析研究的例证。由于妇女是我们的讲

题，我或可举出几位对此研究而有重要贡献的妇女。布伦斯威克博士(Dr. Ruth Mack Brunswick)是描写这样一种神经症的第一位，这种神经症可溯源于恋母情结前期的“执著”，但没有达到这个情结的情境。其方式为虚幻狂，兼有嫉妒的幻想，没有接受治疗的可能。格鲁特博士(Dr. Jeanne Lampl de Groot)由她自己的可靠的观察，证明女子对于其母确有似为我们所难置信的阳具性的活动。多伊奇博士(Dr. Helene Deutsch)已证实女同性爱者的性的行为重演了母子的关系。 179

我的本意不欲再详述女性的由青春期至成熟期的发展。我们有关这个题材的观点不够完满，也力难胜任。下文将仅分述若干要点。女性的早期历史我们若尚未淡忘，便须知道它的发展可受已往的男性期的遗迹的扰乱。有许多女人往往复返于恋母情结前期的执著；其男性或女性按时更替，循环不已。我们所称的“妇女之谜”也许有一部分种因于女性生活的这些“双性”的征象。然而在这些研究进行之时，似已讨论另一问题。我们曾称性生活的动力为“里比多”。这个性生活即受男性和女性的两极性的支配；因此，我们每欲讨论里比多与此两极性的关系。我们也许以为每一方式的性生活各有其特殊方式的里比多，因此有一种里比多追求男性性生活的目的，另一种里比多追求女性性生活的目的。但事实可不是这样。男性和女性的性机能可仅同用一种里比多。它是没有性别的；我们如果可据活动和男性之间的类比，而称它为男性
的，我们便须记得它也包括被动的目的。然而“女性的里比多”一 180
词是没有根据的。我们觉得里比多被迫经管女性的机能时，便对里比多进行了较大的弯曲；——仿效目的论的腔调——大自然对

于女性机能的要求不像其对于男性机能的要求的那么注重。其原因或系由于——再仿效目的论的腔调吧——大自然将生物目的的成就全托付于男子的斗争性，而在某种程度上不依赖女性的合作。

妇女对于性常很冷淡，似可用以证明上文的最后一点，但这个现象，我们尚未十分了解。就有些例子而言，它系由于心理的原因，因此，可受外力的影响；但就其他各例而言，我们便须断定它系由于体格上的原因，或竟有一半系由于解剖上的原因。

我曾同意就分析观察的心得，更略述成年女性的心理特点。我们的这些论断只能说大致不错；至于究竟何者由于性机能的影响，何者由于社会的训练则常难识别。我们以为女人自恋（narcissism）的比重较男子为大（这当然可使其对象的选择有所影响），因此，她们需要被爱尤甚于爱人。她们的虚荣也半为阳具妒的产物，因为她们在性的方面既觉得愧不如人，故只得较高估价其身体的健美聊以自慰。谦让一向被视为习俗造成的女性特征，据我们看来，也系用以掩饰生殖器的缺陷。我们不要忘记，它经管了他种职
181 能。人们以为女人对于文化的发见和发明贡献不大，但是她们也曾创始纺织的手工业。我们不禁要从而探求这个成就背后的潜意识动机。我们也许可以认为大自然本身使在性成熟时期生长丛毛以遮蔽外阴，为纺织工业提供天然的榜样。你们如果认为我有一种“执著思想”想突出阳具的缺乏对女性发展的影响，我却也无力自辩。

女人的对象选择的条件常由于社会的原因而难于识别。她的选择如果可自由进行，便常遵照她自己所喜爱的男人的理想。她若仍旧依恋其父，或尚未摆脱恋母情结，便以父型为选择的标准。

由于当她由其母转向于其父而她的两重性的对抗情绪又指向其母，则这种选择的结果将可保证幸福的婚姻。但是那时经常有另一因素参加其内，使两重性的冲突危及这个结果。敌视的情感既 182
留而不灭，也可以紧随于积极的依恋之后，而延伸至新的对象。于是丈夫起初承袭了父亲的地位，不久又承袭了母亲的地位。这样，便容易发生如下情况：一个妇女的生命的第二部分是与其丈夫作斗争，正如她有一短时期反抗其母一样。有了这种经历以后，第二婚或可较为满意。妇女的性质还有一种变化，发生在第一个儿子出生以后，但是夫妇双方对这个变化都未尝有所准备。她既身为母亲，乃复摹拟她自己的母亲（这个摹拟，她至结婚时为止固然也曾力加反抗），而将她所能支配的里比多尽量集中于孩子，于是强迫的重复或可再引致双亲的不幸的婚姻。母亲对于其所生出的孩子是男是女，反应各异，可见其阳具缺乏的旧因素尚未失去势力。同儿子的关系最足使母亲感受无上的快乐；这是人类的最完满的关系，也最没有两重性。母亲将自己所不可能实现的野心转期望于儿子，而将自己的男性情结所遗留下来的快感也转求于其子。甚至女人只在自己能够成功地待夫若子，自待若母时，然后其婚姻的关系方可巩固。 183

女人之以母亲自拟可有两个阶段：其一属于恋母情结的前期，以对母依恋为基础，并以母为模范；其二属于恋母情结期，是由这个情结所派生的，那时欲排斥其母，而以自己代替她对父亲的关系。这两种情形都可见于后日。我们可以说，在发展的过程中，二者都没有得到克服。但恋母情结前期的柔情尤其重要；因为这便给她铺平道路，使她能够获得后来在性的机能上发挥充分作用，而完成其有价值的社会活动的那些特征。她既如此模拟母亲，所以能够吸引男人，使他点燃起恋母情结的对母亲的爱来爱她。可只是遂其所欲的，常不是他自己，而是他的儿子。我们的印象是：男子的爱和女子的爱有一心理发展阶段上的差别。

我们得承认妇女很少有公正感，而这又和她的精神生活中的嫉妒有关；因为公正要求嫉妒的变化；这些要求也就是令人愿意消妒的条件。我们又说妇女对于社会的兴趣不及男人，她们升华本
184 能的能力也较薄弱。前者无疑地由于一切性的关系的非社会性。情人完全满足于彼此的相爱，甚至家庭也不愿被消溶于较大的组织。升华能力可有最大的个别差异。虽然如此，我可仍不能不注意分析研究给我的一个印象。年约三十的男子似还年轻，在某种意义上，还是一个未曾完全发展的青年，我们可望他能利用分析促进他的可能的发展。但是同年龄的女人则常因心理上固执不变，令人惶惑。她的里比多已有其最后立足点，似难更改。她没有再发展的途径了；似乎整个历程都已完成，不能接受未来的影响；似乎导致女性的发展的困难，令人精疲力竭劳而无功了。作为精神病医生的我们不禁对此兴叹，尽管我们也曾解除其神经症的矛盾而消灭其痛苦。

关于妇女心理学所能说的已尽于此了。挂一漏万之处知所不免；有时更可令人听而不悦。但是你们要记得我们描写的女人，只是就她们为性的机能所决定的性质而言。这个因素的影响，既深
185 且远，但是我们须知道世上也有例外的人。假定你们对于女性更欲有所知，你们便须研究你们自己的经历，或诗人的描写，或竟等待科学能给你们以更深切而更连贯的报告。

第六章　解释、应用与展望 186

（第 34 讲）

诸君——枯燥的题目已令人厌倦了，今天所讲的材料在学理上全不重要，但可为你们所乐闻，如果你们能以友好的态度对待精神分析。譬如你们闲居无事，读德国或英美的小说，看它如何描写人物及其生活的情况，读了几页之后，便见有一次提到精神分析，不久之后又遇到了一次，尽管上下文似无再三提及精神分析的必要。你可不要以为这是应用深度心理学，以求对书中人物及其行为有较深切的了解（尽管也有严肃的文艺作品作此尝试）。其实，作者提及精神分析常意存侮蔑，并借以表示其读书的渊博及见解
的高明。他究竟说的是什么，他自己也不常明白。或者，你也许为 187
消闲解闷到一个公司里去；地点不必在维也纳。谈话的资料也许不久便转到精神分析，你可听到许多人发表意见，常带一点武断的腔调。他们的判断几常偏于贬抑，有时近于辱骂，至少也必冷嘲热讽。假使你太欠考虑，自称对此问题略有所知，他们或许将你包围起来，要求解释，结果你乃知道他们那些严酷的批评都未曾有知识为根据；他们手内也未曾有一部关于分析的书籍，而且即使有，也未曾克服一般人遇到一个新学科时所发生的反感。

你也许希望精神分析的引论必将指导你们纠正他人对于分析

的庸俗的错误可应用何种论据，或对于要求增加知识的人应推荐何种书籍，或讨论时应由读物及经验中征引何种事例以改变反对者的态度。可是我却请你们不必如此。这是没有用的，最聪明的办法也许完全隐藏了你的较正确的知识。如果这无可能，请仅说据你所知，精神分析是一门特殊的科学，甚难了解，更难评判，其所讨论的问题，非常严肃，不能以谈笑了结它，茶余饭后尚宜选取他
188 种题材为妥。假定有人太欠斟酌，诉述他们的梦，你自然不便参加解释，更不可夸说分析的疗效。

你也许要发生疑问："这些人写书谈话何必反对精神分析呢？"你必以为此事咎在精神分析，这些人可完全没有责任。我的意见也正如此；文学及谈话上所表示的意见只是早年官方科学家所加于精神分析这门年轻科学的一种评判的余波。我前述分析的史略时，曾对此表示遗憾，现在可不必重复——也许说过一次已嫌太多；但是老实说，精神分析的反对派也没有指出那时科学家所不同意的逻辑的谬误，不正当的风度和不良的趣味。这是中古时期所常见的情境。在那种情境内，一个犯罪者或甚至政治的反对派被背枷带锁，受暴徒的虐待。也许你们不充分知道暴徒精神如何盛行于我们社会之内，或人们自觉加入于群众，个人不必负责任的时候可以走向何种极端。在那时的开头我是孤立的，不久就知道争辩是没有用的，向有较高身份的人诉苦鸣冤是没有意义的，因为要
189 诉苦也没有适当的法庭。因此，我乃另定办法；生平第一次根据应用精神分析的经验，对群众的反抗行为，和病者受分析时所表示的抵抗提出相同的解释。至于论辩则一概谢绝，我劝我的同事也复如此。这个办法结果很好。分析所受的禁令自那时起逐渐撤销；

但正如已被放弃的信仰可保留为迷信，或科学所放弃的学说也可流为一般人的信仰一样，原来科学界对于精神分析的排斥现在又变为作家及清谈家的讥讽。因此，你们应当知道，对于他们的行为实在是不足为怪的。

然而你可不能期望我们的争论已告终结，而使大家承认分析为一门科学或大学研究的科目。事实上绝不如此；争论仍在进行，但较前稍好。还有一种新的情况，就是分析和反抗分析者之间已形成一个缓冲地带，有人一方面承认分析未可厚非（或竟信以为真，但也有所保留），他方面又指斥分析的其他部分，并渴望大家同意。何以如此决定则不易揣测。可能是由于个人的偏向。有些人反对性，有些人反对潜意识；而象征的存在则似尤为人所不喜。精神分析的组织虽尚未完成，但已有其统一性，我们绝不能任意选取 190
任何原素，但是那些调和论者似尚未考虑及此。当我考察那些一半或四分之一赞同的同僚时，觉得他们的反对没有以研究分析的内容为其立论的根据。有许多著名学者都可属于此类。他们的时间和兴趣本集中于他种学科，而有伟大的成就，所以对于精神分析的隔膜不无可原谅之处。然而事既如此，他们如果暂缓判断，不立即党同伐异，那岂不更好吗？这些名人之中，有一人我幸能使他很快转变过来。他是当世知名的一位批评家，对于思想的潮流，既善于了解，又能预测其趋势。我看见他，系在他过了八十岁之后，但是他的谈话仍甚有趣味。我指的是谁，你便不难推测而知了。可是提起精神分析的问题，不是我，乃是他，他很谦逊地以他自己跟我相比，说："我只是一个文学者，你可是一个科学家及发见者。但有一事，我想对你说明：就是，我从未对于我的母亲有任何性的情

感。""但这是你不必知道的,"我说:"这种历程,就成人说,是潜意
191 识的。"他了解了,就紧握我的手。谈话数小时,彼此都很满意。后来我听说他常赞扬分析,并喜引用一个新名词——"压抑",至他作古时为止。

古人有一名言,要我们以敌为师。我得承认自愧不能;但是我想我若细述反对精神分析者对于精神分析的抗议,并指出其逻辑的误谬,也许对你们也有好处。但再加考虑,便觉得这样做必毫无趣味,令人厌倦,而且这正是我数十年来所不愿做的事。因此,你们得原谅我,假使我不再讲这一套,使你们免听这些所谓科学批评家的判断。这些人值得我们注意就由于他们的无所偏袒——因为他们本来没有接触过精神分析的事实。然而我知道若就另一种反对论者而言,你可不许我如此默尔而息了。你将以为有许多人和前项科学家不同。你将说,这些人未尝没有分析的经验;他们也分析过病人,也许并分析过自己,实际上也曾做过我的同事,现在可另有结果,另提学说,结果竟离开了我,另创精神分析的学派。分
192 析发展史中这类的独立运动已屡见不鲜,你们将期望我能说明其可能及用意吗?

好吧,让我来试试看;但是我只能约略一述,因为这对于分析的性质的阐明绝不能一如你们之所期望的。我知道你们第一要想到阿德勒的个体心理学,因为它在美国,有人以为是和我们的精神分析互相平行、重要相等的,并异口同声地称道它。其实,个体心理学和分析几乎全无关系,但因某种历史上的原因,个体心理学乃得寄生于精神分析之内。我们对这一群反对派的特征的论断,只在有限的程度上,适用于个体心理学的领导者们。这个名称是不

可取的，是矛盾的产物。我们只能承认此词正确的涵义乃为集体心理学的反面；我们自己的研究才首先是个体心理学。对于阿德勒的个体心理学我不预备提出反驳的批评，因为这本不是这些演讲的一个项目；而且我也曾在他处作过这种批评，那里所说的话，现在没有可以修改之处。但是我要告诉你们，我在从事分析之前所遇到的一件小事，以说明阿德勒的个体心理学所给我的印象。

我是在摩拉维亚的一个小镇内出世的，三岁便离开那个城镇，
其附近有一地方，绿树成荫，适于休养。我在求学时代常消磨假期 193
于此。约在二十年后，因看一近亲之病复得往一游。有一医生治疗我那亲戚的病，我和他接谈之下，因问他如何治疗那些斯洛伐克族的农人——我相信他在冬季可能只有这些人请他治病。他告诉我治疗之法有如下述。病者在受诊时鱼贯入室，依次诉述其病苦。也许有一人背痛，有一人腹痛，有一人腿倦，余可类推。医生加以审察，却仅作一种诊断：就是，“为鬼所迷”。我惊问如此何以不引起病者的反驳。他说：“他们不但不反驳，且引为满意；这正是他们所期望的，各人鱼贯而出，据其面容的表示，似若说：‘这个医生真不错。’”那时我却未想到这种诊断和阿德勒的心理学正好相似。

因为无论一个人是同性恋者，或恋尸狂者，或焦虑的癔病患者，或固执的强迫狂者，或神经错乱的疯子——阿德勒派的个体心
理学者以为他的动机都是抬高自己（assert himself），补偿缺陷，往 194
高处攀登，由女性转向男性。我们年轻在医院内当学生时常听到这些话：据说癔病患者发生症候，借以引起他人的注意。不料这些老话重复见于今日！但即在那时，这个心理学说也似未能解决癔病的问题；例如病人为什么不能设法达到他们的目的，没有相当的

解释。个体心理学者的这个学说，也有几点确属不错，所可憾者，他们把片段的说明认为是全面的解释。自我保存的本能要利用任何种的情境；自我要借病得到好处。我们在精神分析之内，称此种好处为“病的次要的收获”。然而我们若思及被虐待狂的事实，对于惩罚之潜意识的需要，对于伤害自己的神经症的趋势，似足见这样的一些本能冲动的存在，这些冲动是与自我生存相反的，因此，个体心理学的理论基础便不无可疑了。但是这个学说仍为人群所欢迎，因为它很简单，没有困难的新概念，不理会潜意识，一笔勾销
195 了人人觉得不安的性的问题，而单单设法使人们生活安逸。人群是爱安乐的；他们只要有一个理由可为口实，他们不喜欢科学的艰深，只喜欢有简单的答复以解决他们的问题。我们一旦看到个体心理学对于这些需要都能满足，就不禁想起《华伦斯坦》①（wallenstein）的两句诗：“思想太聪明，弄巧反成拙。”

专门家的批评对于精神分析曾极力反对，而对于个体心理学则较为宽容。但在美国也有一最杰出的心理疗病学者刊布一文，题名“Enough”（“够了”）反对阿德勒，驳斥个体心理学者的单调的解释。如果其他学者远较客气，那也主要是由于他们对分析的不满。

关于其他和我们分手的学派，我也不必多述。这种分裂不足以为肯定或否定精神分析真理的论证。你只须设想有许多人由于强烈的情绪因素而不易和他人合作，或位列其下，还有一个更大的困难就是拉丁格言所说的“有多少人就有多少意见”（“Quot capita

① 德国作家席勒的历史剧。——编者

tot sensus")。意见的差异若超出了某一限度，最好是大家分手，196
各奔前程，至于理论的差异若导致了分析技术的不同，则尤宜如此。现试举例说明如下。有一分析家轻视病者过去的影响，而单在当时动机和对未来期望内探求神经症的原因。因此，他忽略病者儿童期的分析，而由一完全不同的技术出发；为了补救儿童期分析结果的缺乏，他便加重他自己的诱导的作用，并直接宣扬人生的某种目的。由我们看来，这可是哲学而非分析了。或者另有一分析家主张出生时的焦急经验是一切神经症的根源；因此，他以为分析宜限于这个唯一经验的效应，并预约三四个月的治疗便可收效。你当知道这两个分析家以极端相反的前提为出发点。这些所谓"分裂的运动"有一个几乎很普遍的特点就是它们都各在精神分析所求得的丰富的动机中攫取一鳞半爪（如争权本能、伦理矛盾、母亲、生殖等），并即以这种剽窃为根据而宣告独立了。你以为这种分裂在精神分析史内较在其他思想运动内为多，我不知道能否表
示同意。你所说的如果不错，你就得把这种情况归因于精神分析 197
的理论观点与治疗实施所有的密切关系。意见的小分歧或可被容忍到较长久的时间。人们每喜责备我们说精神分析者是不宽容的。这个不愉快的特点的唯一证据恰恰在于我们喜与想法不同者分手。除此之外，我们可没有设法攻击过他们；相反，他们现在比从前舒服，因为他们既和我们分手，便可摆脱了使得我们呻吟的包袱之一——例如幼儿的性的学说的可恶或象征学说的可笑——因此，他们半受社会尊敬，是落在后面的我们所不敢高攀的。除了某一门外，与我们闹分裂都是由他们主动的。

你还要求我们更加宽容吗？有人表示一种意见，我们知道他

根本错误，你难道希望我对他这样说吗？“你反对我们，我们非常感谢。你们挽救了我们，使我们免除自满的危险，给我们机会使美国人知道我们有符合于他们所期望的宽宏大量。你所说的话，我们虽没有一句相信，但这是无关紧要的。也许你也跟我们一样的对。究竟谁是谁非，谁知道呢？我们虽有分歧，但你得允许我们在我们的刊物上陈述你的见解，我们希望你也如此仁慈地拥护我们
198 的见解，尽管你对这个见解不愿苟同。”也许将来爱因斯坦的相对论为举世所误用的时候，科学界讨论学问都会采取这个论调。但是现在我们可未能如此虚心。我们照例以陈述自己的信仰为限，而排斥与我们相冲突的学说，至于错误的危险，那是谁都难免的。我们有权改变我们的意见，如果有较妥适的见解，我们在精神分析内也能充分予以利用的。

精神分析的第一次应用有一项就是能够了解我们为了精神分析的活动而不得不对待的反抗。至于他种有客观性的应用则有权利要求人们予以更广泛的注意。我们的初意，那是你们知道的，是要了解人类心灵的扰乱，因为有一种惊人的经验昭告我们，了解和治疗几乎是携手并进的，实际上是由此及彼的。这个初意，在很长的时间，成为我们唯一的意旨。后来我们乃知道病理的和所谓正常的历程密切相关，或竟是根本相同。从此，精神分析变成了深度心理学；而且由于人的所作所为没有心理学的帮助是无法了解的，所以精神分析在多种知识领域内、尤其在精神科学方面的应用是不期然而然的，并使我们不得不加以注意和推测。不幸我们所要完成的工作遇到了障碍，而这种障碍又是我们这种工作情境本质
199 所应有，所以现在仍未克服。这种应用本需要专门的学识，而这种

学识则为分析者所缺乏，而有这种学识的专家却又不懂分析或对分析不欲有所知。于是分析者急急忙忙获取或多或少的适当资料，以业余者身份侵入神话学、文化史、人种学、宗教科学等领域内。这些领域的专家把分析者看成闯进来的门外汉；分析的方法和结果如果引起任何注意，也立即被横加驳斥了。但是我们的地位现在已较有进步了，研究分析而欲以它应用于各学科方面的人数也逐渐增加，似乎与从拓荒者变成了丰收者相同。我们也许于此可望有新知识的收获。而且精神分析的应用常肯定了精神分析的正确。在科学研究和实践活动相距更远的区域之内，其不可避免的意见分歧，也已经不那么尖锐了。

我很想让你们知道精神分析在各种精神科学中的应用。其中有许多事情，对于学术有兴趣的人也许认为是值得知道的，同时不必再听我讲变态和病理，也可使我们感到轻松一下。然而我可不能这样做，因为讨论各方面的应用便未免又一次超出这些演讲的 200
范围，老实说，我也没有这个能力。这些应用虽也曾由我倡导，但是现在我已失去了领导的地位，我得用许多时间搞研究，才可望知道这些年来的新成就。你们如果因我拒绝此请而失望，那么我可请你们参看我们的杂志：《意象》(Imago)，这个杂志专论分析在医学方面以外的各种应用。

但是有一学科，我却不能如此轻易放过，尽管它不是因为我对此有任何特殊的了解，或任何亲身的研究。老实说，我还没有作此努力。然而它很重要，前途也很有希望；也许它就是分析的最重要的活动。我指的就是精神分析在教育或儿童抚育方面的应用。我至少可以高兴，我的女儿安娜·弗洛伊德已以此为她的终身事业，因而补偿了我的缺憾。至于如何导致这种应用，那是不难知道的。我们治疗成年的神经症患者，要追溯其症候的起因，每易进抵他的婴儿期。单知道其后来致病的因素，既不足以了解他的症候，更不能收治疗之效。结果我们乃不得不研究婴儿期的心理特点；有许多事情只能由分析来发现，发现了之后，乃得纠正一般人对于儿童
201 期的看法。我们知道婴儿期的初年（至五岁时为止）尤属重要，其理由很多。第一，性的发展以此为始，对于成年时成熟的性生活有重要的决定性；第二，此时的印象施加于未成形而柔弱的自我之上，其影响和创伤相等。由此引起的情绪的热潮，自我除压抑外无法保护自己，因此，自我在儿童期内即已有后来致病和机能扰乱的倾向。我们觉得儿童期的困难乃因为儿童须以一短时期承袭数千万年发展而成的文化；换句话说，它须习得控制本能而适应社会，或这种控制适应的初步能力。这个成就只能有一部分得自发展；有大部分须受教育的压力。儿童不能完全有此成就，那是毫不足怪的。有许多儿童在幼年所经过的情形可和神经症相比；后来得病的人都莫不如此。也有许多人不必等成年时，即在儿童期内便发生了神经症，使父母和医生大感麻烦。

对于那些有神经症症候或性格发展不良的儿童，毫无疑义我
202 们当然要应用分析的治疗。反对分析的人以为儿童可能受这种分析的伤害，然而这种怕虑毫无根据。这个分析法的实施对于我们有一种便利，使我们得以证实治疗成人时所推想而知的事，好像得益于历史文献一样。至儿童所受的利益则更加满意。儿童最易接受分析的治疗；治疗的效力彻底而持久。唯治疗儿童时，自然要将治疗成人的技术大加改造。儿童心理和成人不同；它还没有超我，

不能利用自由联想的方法，同时它有亲生父母在世，不能像成人一般移情于医生。治疗成人，须打破其内在的抗力，儿童无此抗力，主要代以外在的困难。假定父母表示抵抗，就会危及分析的目的及分析本身的手续。因此，分析儿童时常须使其父母也受分析的一定程度的影响。同时，因为有许多病者仍旧保留有不少的婴儿的性格特征，以致分析家为了适应病者，不能不对他们应用儿童分析的技术的某些部分，因此，儿童分析和成人分析之间的不可避免 203
的差异就可以减少了。女人和儿童较为接近，所以儿童分析尤为女分析家的特殊的领域，这个情况今后无疑地要持续下去的。

我们承认大多数儿童在发展过程中都经过一神经症时期，这个观点自然要引起卫生的问题。儿童是否宜于在没有发病的信号之前先受分析，也好像健康的小孩先受注射以预防白喉一样呢？这个问题的讨论，现在只有学术上的兴趣。我敢冒险说几句，但是当代大多数人认为这个观点罪无可恕；我们如果考虑到一般父母对于分析的态度，便不能不暂时打消它的实现的希望。神经症的这种预防本极有效，可是我们先得有一组织完全不同的社会。精神分析在教育上的应用现在须从另一方面加以考察。我们对于教育的主要任务须有一明确的观念。儿童须学习控制其本能。完全自由以致顺从一切冲动，不加限制，那是不可能的。完全自由也许可为儿童心理学家的一个很有趣味的实验，然而这可使父母无法过活，儿童也必在当时及其后深受其害。因此，禁止，压制乃是教育的机能，而古往今来，这个机能的实施是受人赞赏的。然而我们 204
据分析的结果，已知道就是这个本能的抑制却有招致神经症的危险。你们当记得我已详细讨论过这种致病的经过，因此，教育须于

自由和禁止之间选得一中庸之道。这个问题如果有解决的可能,教育必须追求一种完善方法,从而获取最大利益和最小危害。我们要研究禁止须有何种限度,施行于何种时间,并采用何种方法。我们还要考虑儿童有很不相同的体质的倾向,所以同一教育方法不能使一切儿童同受其利。我们一加考虑,便可知教育的不良措施大有害于儿童。最完善的教育如果理想地执行它的任务,那么神经症的原因之一,即偶有的婴儿期创伤的影响,便可望其消灭了。至于另一病因,即顽强的本能的势力,则永非教育所能为力。因此,我们若想到教育家的工作的困难;若想到他须知道每一儿童所有特殊的体质,须审机察微而推测其未成形的心灵的种种表现,
205 须给他以适当分量的爱,同时又保持权威的实效,我们便不禁承认教育家必须以研究精神分析知识为其专业的准备条件。他最好先行分析自己,因为没有亲历的经验就无从了解分析。分析教师和教育者比分析儿童似更为有预防实效的措施,而且实行起来也没有那么大的障碍。

我想顺便指出:分析对于儿童教育还有一种间接的利益,这个利益也许终于有无比重要性。父母若曾亲受分析,而深得其利益,譬如对于他们自己教育的错误,有所感悟,将来处理儿童必有较深切的体会,不以自己所受者施之于子女。与分析家影响教育的努力相平行的,则有关于犯罪原因和预防的他种研究。我在这里只能将门打开,让你在门外观看里面究有何物,可是我不能带你进去。假使你对精神分析保持相当兴趣,你便可在这个方面得到许多新的,有价值的知识。虽然,我在离开教育问题之前还要讨论某一特殊的观点。有人说——无疑地是有理由的——无论何种教育

都是有帮派性的。它的目的在使儿童适应现在的社会制度,可不问这个制度有何价值或是否稳定。他们并以为:假定我们相信目前的社会制度还有缺点,便不得以我们的这种精神分析的教育为它推波助澜。我们须另立一种较高尚的目的,使我们从现存的社 206
会标准里解放出来。但是我可不觉得这个论点是对的。因为它所要求于分析的超出了它的职能所能许可者之上。譬如医生被邀请去治疗肺炎,他不必考虑病者是否为好人,自杀者或罪犯;也不必研究他是否值得生存于世,或活下去是否对他人有利。这个放在教育面前的另一目的是有派系性的。为派系的争论作出决定不是分析者的任务。我们现在不认为:精神分析所认可的目标如果与现社会的秩序互相抵触,人们就决不许它对于教育发生影响。精神分析的教育若欲将学生培养为革命家,它就承担难以保证的责任了。它如果把他们送出去,尽可能身心健康,工作富有成效,它就已完成它的任务了。这种教育已含有足够的革命原素,使受其影响者将来绝不致加入反动和压迫人的队伍之内。我们甚至敢说革命的儿童从任何观点看来,是不可取的。

诸君,关于精神分析的治疗方面,我还要说几句以为本讲的结束。我在十五年前已讨论过分析的理论,现在无可修改之处;但是我可要讲一点有关这十五年来的实际经验。你们当知道精神分析 207
初本为一种治疗的技术;后来它超出了范围,但没有放弃原来的工作,依旧靠临床的经验以求增益和发展。临床的材料是不能用其他方法求得的。治疗的失败常给我们以新的问题,实际的需要使我们得免于仅逞思辨。我在前次演讲时已细述精神分析治疗病者的方法;今天可仅讨论其收效的程度。

你也许知道我不是治疗的热心家；绝不至于用此机会宣扬分
析的疗效。我宁愿说得太少，不愿说得太多。当我为唯一的分析
家时，接受我的意见的那些人常对我说：“你这个方法很好，很聪明
的，但请举一例以示分析的功效。”精神分析也正如前后继承的各
种公式之一，时过境迁，不合时的新奇性就被冲淡了。现在它也和
其他多种疗法相同，是上了年纪了；分析家也和其他疗病学者相
同，已收集了不少病者的感谢信，而且精神分析和其他治疗法还不
208 仅有此类似之点。精神分析之为治疗的方式正和他种方法无异。
它也有它的胜利，失败，困难和缺点。从前也有人攻击分析，以为
不是正式的治疗方法，因为它没有刊布其成功的统计。后来艾丁
根博士(Dr. Max Eitingon)创立的柏林精神分析学院发表其头十
年的工作报告。其治疗奏效的比例虽不足使我们骄傲，也不足使
我们惭愧。然而这种统计不值得注意，因为它材料庞杂，势必需要
无限数的实例才可有所证明。因此，我们不如审察个人的经验。
我却以为我们的成功尚未可和劳德斯(Lourdes)的成功相比。相
信圣女的神迹者的人数远较多于相信潜意识的存在的人数。但是
我们如果暂置超自然的比赛于不论之列，则精神分析须和他种心
理治疗的方法互相比较。神经症的机体的治疗现在可不必加以论
列。分析作为心理治疗的方法没有同医学的这个分支所用的方法
对立起来；精神分析没有使它们失效，也没有排斥它们。一个自称
209 心理疗病学者的医生，依据各病的特殊情形和有利或不利的性质，
而合用分析和他种治疗法在学理上也没有不通之处。但是在技术
上专用一种疗法却有必要性。例如外科和整形术(orthopæics)也
互相划分。精神分析法异常困难。它的处理不能像一副眼镜似

的，读书时戴用，散步时取去。就精神分析而言，医生欲加采用，就要彻底采用，否则完全不用。据我个人的经验，心理疗病学者若只是偶一采用分析，便不能站在稳固的分析的基础之上；他们不完全接受分析，而冲淡了它，也许拔去了“尖端”；他们便不算是分析家了。我以为这是很可惋惜的；然而分析家若和专用他种方法的精神病学者，在医疗上，互相合作，却也有很大的好处。

精神分析若和他种心理治疗的方法相比起来，则远较有效。这是理所当然的，因为精神分析耗费时间精力最多，当然不用以治轻病，至就适宜的病例而言，则既可除灭病扰，复可引致分析法发明之前一时代所难望得到的变化。但是它也完全自觉有局限性。我有许多热心疗病的同僚曾煞费苦心要消除这种局限，希望一切神经症都可以分析为治疗的工具，他们力求压束分析，缩短时间，210
使移情作用增加势力，胜过一切反抗；更欲使他种方法和分析合用以便奏效。这些努力自然是值得赞扬的，但据我的意见却是徒劳无功的。它们可能给自己带来这样的危险；就是脱离分析而投入茫无边际的试验。我怀疑一般人都相信神经症是完全没有存在权利的剩余东西，因此，有人希望一切神经症的症候都有治愈的可能。其实，这些症候也很严重，是为体质因素所决定的，很少以几次发病为限，照例要长期延续下去，甚至终其一生随时发病。分析的经验表明，我们若能掌握其历史的突击原因及偶发的必要因素，便可对它们发生深远的影响。还可以使我们在治疗实践中不受体质的限制。我们对于体质的因素虽束手无策；但在理论上，应常将它牢记在心。因为无论如何，精神病与神经症密切相关，精神病既完全不受分析治疗的影响，所以我们对于神经症的可疗性的乐观

主义也从而降低了。精神分析治疗的效力受了好多种的重要因素的限制，我们对于这些因素尚无法应付。对于儿童，我们原可望有最大的成功，却复有父母情境的外在困难；一为儿童，便不能没有
211 这些困难。对于成人，我们须主要应付两种因素，即其心理僵化的程度，和疾病的方式及其背后的根深蒂固的原因，前一种因素本不应被疏忽却常为人所疏忽了。心理生活的可塑性和已往经验的恢复虽都可能永久有效，但也非一切都可以化为现实。有许多种改造似乎是最后的，使过去的历程仅留伤疤。但也有时整个心灵完全僵化；我们本愿使某些心理历程另觅出路，然而那些历程似乎不能摆脱旧的道路。也许这是从前我们所已说过的老话，现在只是用另一观点加以讨论。我们似常见治疗的历程缺乏必需的动力，致不能收改造之效。有些特殊的趋势，有些特殊的本能成分，努力太大，致非我们治疗的势力所能抵制。精神病的情况正是这样。我们了解它们，也知道应当在哪里用力，但无法挑起这个重担。与此有关，我们希望有朝一日，我们所有关于激素(hormones)知识的进步也许可使我们有效地处理这些病症内的量的因素；然而现在我们离开这个理想的目的还很远。因此，我们乃常欲使分析的技术特别在移情方面精益求精。初学分析的人，在失败的时候，不
212 知道应责备病之奇特，或自己的治疗技术的不良。然而我已经说过，我不认为在这些方面的努力已有多大的成就。

分析的成功又受病症的模型的限制。你们已知道分析治疗所可应用的区域有移情的神经症，惊悸病，癔病，强迫狂，及没有发生这些疾病的人的性格的变态。除此之外，如爱己狂或精神病，都在不同程度上不适宜于分析。慎重地排除这些病症，以免治疗的失

败，也许是完全合法的。作好了这种排除，分析的统计必将有很大的改善。话虽如此说；但也似不容易。我们的诊断常仅能宣布于事后。我曾读维克多·雨果的书，内有一苏格兰国王测验女巫的方法和我们的诊断法十分相似。这位国王自称有一法侦察女巫正确无误。他把她们放在开水锅里慢慢煮沸，然后品尝其汤的滋味，他可依据味觉判断谁是女巫，谁非女巫。我们的情形正复如此，所不同的受其苦的乃是我们。病者来受治疗，应考者来受训练，我们须先对他作数星期或数月的研究，然后才能表示意见。我们似常就袋内买猪，事先无法评判，入我门者患有未确定的不易判别的一 213
般烦扰。诊察一个时期之后，也许觉得其人非分析所宜。假定他是一名应考者，我们便请他回去；假定他是一个病者，我们再留他若干时日，看我们能否对他有较好的印象。病者报复之法使我们失败的事例加多，被回绝的应考者（假定他是一名偏执狂者），便自著几部精神分析的书籍以资报复。你们当可知我们的小心提防是没有多大价值的。

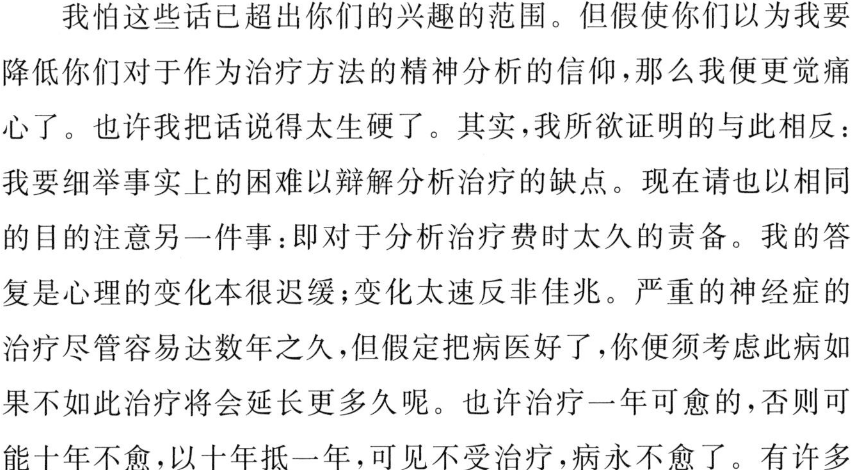

我怕这些话已超出你们的兴趣的范围。但假使你们以为我要降低你们对于作为治疗方法的精神分析的信仰，那么我便更觉痛心了。也许我把话说得太生硬了。其实，我所欲证明的与此相反：我要细举事实上的困难以辩解分析治疗的缺点。现在请也以相同的目的注意另一件事：即对于分析治疗费时太久的责备。我的答复是心理的变化本很迟缓；变化太速反非佳兆。严重的神经症的治疗尽管容易达数年之久，但假定把病医好了，你便须考虑此病如果不如此治疗将会延长更多久呢。也许治疗一年可愈的，否则可能十年不愈，以十年抵一年，可见不受治疗，病永不愈了。有许多

214 病人,过了多年之后,有重受分析的必要;病者虽完全健康,但因遇有新事件,乃复引起新的病态的反应。第一次的分析在实际上没有完全揭露他的病态倾向,分析一经收效自然要立即停止。也有些人病甚严重,必须终身接受分析的关注,时时要重受分析;否则将难继续生活下去了。所以我们应当感谢这种断续反复的分析对他们的帮助。性格扰乱的分析也费时甚久,但此种治疗常可收效;试问有无他种治疗的方法敢处理这种问题?治疗的奢望也许使我们不满足于这些结果,但是我们毕竟有肺病及狼疮(lupus)的例示,只要治疗针对了病的性质就可能收效了。

我已经告诉你们,精神分析以治疗起家,但是我要向你们推荐它,却不是由于这个原因,而由于它所包含的真理,由于它所给我们的关于人类的最重要的东西,即他的本性,还由于它给我们指出
215 他的不同的活动之间的关系。它是许多治疗法的一种,虽然是最出色的一种。假定它没有治疗的价值,也绝不致在临床的材料中为我们所发现,更不能继续发展达三十余年之久。

第七章　人生哲学 216

（第 35 讲）

诸君——前次演讲日常琐事，好如将我们的小房子整理整理。现在想跨出大胆的一步，要答复那些未尝从事于精神分析的人所常提出的问题：就是，精神分析是否要导致一种**世界观**（Weltanschauung），或竟要导致何种世界观。

“Weltanschauung”[①]怕是德文所特有的一个名词，不易译成外国字。我若试为此词下一定义，你们也必将嫌它不合式。我的意思以为**世界观**是一个理智的结构——是一个包罗万有的假说，对我们的存在有关的一切问题作一个统一的解答，既不留有任何疑问，并使我们所注意的万事万物各在其内有相当的地位。因此我们不难知道，有了这样的一种世界观就是人类的一种理想的愿望。我们相信它，便觉得生命安全，知道什么是应努力的目标，并如何组织其情绪及兴趣以达成最优越的目的。

这倘为**世界观**的意义，那么精神分析便不难答复这个问题了。精神分析作为一门特殊的科学，心理学的一个分支——即 217
“深度心理学”或潜意识心理学——便不宜自创一个世界观；它

---

① 为了排印方便，以下改用“世界观”一词。——译者

必须接受一般科学的世界观。但是科学的世界观和我们所下的定义大异。宇宙解释的统一性虽为科学所承认，但只是将来才可完成的一个节目。除此之外，这个统一性更以消极性为特征，以一定时期内所可知的为限，无关的某些原素尽被抛弃。它主张宇宙的知识没有他种来源，只能得自探究，或细心的理智的观察，绝不能得自天启，直觉或灵感。这个观点在前世纪或两世纪前极为流行。只是到了本世纪，才有人抗议，以为这种世界观既嫌空虚，又难令人满意，因为它未曾顾及人之一切精神的要求，人之一切心灵的需要。

对于这个抗议，虽痛加驳斥，也不会过分，它是一刻也难以维持的，因为精神和心灵同一切不属于人的存在体一样都是科学研究的对象。精神分析于此尤有为科学的世界观辩护的特殊权利，因为无论何人绝不能责备精神分析。忽视心灵在宇宙中的地位。
218 精神分析对于科学的贡献就在于把研究推广至心灵的区域。科学若没有这种心理学将必嫌太不完满了。但尽管我们将人(及动物)的理智和情绪机能的研究介入科学之内，却也没有变更科学之一般的位置，而知识或探究的方法也必没有什么新的来源。直觉及灵感存在如故；但只算是错觉和欲望的满足。而且我们也不难知道一个世界观的属性是可望有纯情绪的基础的。科学尽管考虑人的心灵产生这种要求，并准备追究其来源，但如认为它有理由，则是很少把握的。相反，它可宁愿慎重区别错觉(即那种情绪要求的产物)和知识的不同。

这不是说，我们要轻易地抛弃这些欲望，或贬低其在人生中的价值。我们要注意这些欲望已在艺术的创造及宗教和哲学的体系内得到满足；然而我们也不能忽视这样一个事实：就是，把这些东西引进来放在知识的领域之内是错误的，是高度不利的，因为这会给个人的或团体的精神病开一方便之门的，而且本可用以应付现实而企求欲望和需要的实际满足的宝贵的精力也将会被引入这些 219
趋势里去的。

由科学的观点看来，我们的批判力须应用于这个方向，敢于有所排斥和否认。我们不得宣称科学是人类理智活动的一个区域，宗教和哲学是它的另一区域至少是有相同的价值的，也不得宣称科学没有干涉其他二者的任务，或它们在真理上都有同等的权利，或每一个人都可自由选择从哪里找理由，在何处定信仰。人们认为这种态度是宽容的，可敬的，没有褊狭的成见的。但是不幸的很，这种态度是不可取的，它和非科学的**世界观**同属有害，在实施上是一丘之貉。事实是：真理是不能宽容的，也不能允许调和或有所限制的，科学的研究要抓住人类活动的全范围，对于侵入其任何部分的他种势力不能不采取不妥协的批判态度。

与科学争衡的三种力量之中，尤以宗教为最厉害的敌人。艺术几常为无害而有益的，它决不寻求错觉。除了那些为艺术所迷惑的少数人之外，从来未曾有人想反对现实的。哲学也不与科学相反抗，它似乎要效法科学，在一定程度上采用相同的方法；但当它迷信自己能为宇宙作成完全连贯的图景便得同科学分手了，尽管在事实上，这个图景不能不随知识的每一新的进步而被粉碎了。220
它的方法的错误在于过高估计逻辑思维的知识论价值，而又在一定范围内承认知识的他种源流，如直觉的有效。人们不止一次地

感觉到诗人海涅对哲学家①做这样的描述是不无根据的。

> “戴一顶旧睡帽，穿一件旧睡衣，
>
> 他在笨拙地修补着世界结构上的漏洞。”

然而哲学对于大多数人类没有直接的影响；只是知识分子的上层少数人对于哲学感有兴趣，其余大多数人都置身于哲学之外。宗教和哲学相反，它具有惊人的势力，可使人类的最强烈的情绪受其感动。我们已知道它在从前曾涉及人类的精神生活有关的一切事物，当科学尚未产生之前，也曾代替了科学，建设了一种无比连贯的世界观以至今日，虽然这种世界观已经发生过严重的动摇。

我们如果要对于宗教的伟大作正确的估计，便须记得它对人类的劳绩。它给人类以关于宇宙起源的知识，它使他们在人事变迁之中感受着保护及最后的幸福，它又以有权威的格言指导人类
221 的思想及行动。总之，它完成了三种职能。第一，它满足了人的求知欲；它在这里和科学用它特有的方法所欲完成的事业相同，从而与科学互相抗衡。宗教的较大部分的势力尤其是由于它所完成的第二种职能。宗教排除了人们对于危险灾难的畏惧，担保人们有幸福的结局，且安慰他们的不幸，这是科学无力与它相比的。科学原教人如何避免某种危险，如何卓有成效地消除痛苦；科学对于人生原也为一种有力的帮助，但是有许多时候，科学只能让我们受苦，只能劝我们屈服于不可避免的灾难。第三种职能为创立格言，禁令及规律，于是宗教和科学便愈离愈远了。因为科学以发见事

① 据德国卡尔·福尔伦德著《康德传》的介绍，康德日常在书斋中“披着睡衣，戴着睡帽”从事写作，这里的哲学家大约指的是康德。——编者

实而加以说明为足。科学应用的结果虽也可为行为订立规程，而且有时此种规程或即与宗教订立的相同，然而二者所有理由仍彼此大异。

宗教何以须兼有此三种职能呢？我们却不甚明白。宇宙起源的解释何以须兼授伦理的戒律呢？它的保护及幸福的保证和这些戒律有较密切的关联。安全幸福乃为服从命令的报酬，只是服从戒律的人才有福利，至于不服从者则将受到惩罚。科学的奖惩也 222
约略如此，因为科学也宣称不相信其推论者必受其灾难。

我们须采用发生法的分析，才可了解教训，安慰及戒律的这种结合。我们或可以此三者中的最引人注意的项目，即关于宇宙起源的教训为始——譬如为什么宇宙起源论为各种宗教系统的常规的成分呢？这个学说以为宇宙乃为一类似于人，但又较人为更有势力、聪明及热情者，也就是理想的超人所始创。创造宇宙者如果是动物，你便可见图腾主义的影响，这个影响，后文当略加记述。值得注意的是这个宇宙的创造者常为一独特的神，尽管人们相信有许多神。还值得注意的是这个创造者几乎常为男性，虽然也不无女神的存在，有许多种神话则称宇宙的创造始于男神征服女神的时候，女神往往沦为妖怪。这可引起了最有趣味的小问题，但是我们必须一笔带过，不能详述。其余部分的研究较属容易，因为这个创造的神常被称为神父。精神分析的结论以为他确是父亲，人之敬他正如小孩之敬其父。宗教家想象宇宙创造的图景也无异于他自己的创造。

因此，不难懂得可喜的保佑的诺言和严厉的道德的要求如何同见于宇宙创造论之内。因为孩子的生存托始于父亲（或较正确 223

点说，托始于父母），做父亲的由于孩子柔弱无能，受外界一切的危险，故特加以保护和关怀；儿童受了父亲抚爱乃自觉其安全。成年的男子虽自知已有较大的能力，对于生命的危险也较为明了，但仍合理地感觉到自己像在儿童期内那样地柔弱无力，而就外界的关系说来，依旧是一个孩子。因此，尽管他已成年也不愿放弃做孩子时所享受的保护。但是他已早知道他自己的父亲的能力极端有限，不能有他所需要的一切属性。因此，他回忆他自己在儿童期内的被过高估价的父亲的忆象，把它提升为神，引入当前的现实。这个忆象的情绪的力量和需要保护的永久性乃为信仰上帝的两条支柱。

宗教纲领的第三要点，即道德的戒律，也不难和儿童期的情境发生关系。我在早期的演讲内曾征引哲学家康德的一段名言，他说星光灿烂的天空在我们头上，道德法律在我们心内，二者都是上
224 帝伟大之最有力的证据。二者并举难免奇特——因为天体对于人类相爱或相杀究竟有什么关系呢？但是他这句话毕竟接触到一种心理学的真理。父亲（父职）既以生命给孩子，使他不遭受生活中的危难，同时也教他何事可为，何事不可为，使他对本能欲望加以某种限制，告诉他如果要在家庭及较大团体内作一受人喜爱和欢迎的成员，便须对于父母兄弟和姊妹有一种如人所期望的关心的表示。通过奖惩的制度培养儿童，教他懂得社会的职责，知道生命的安全有赖于父母（其后则并有赖于他人）对自己的爱护及自己对父母和他人的敬爱。凡此种种，都一成不变地由成年人引入宗教。父母的禁令活在他的心内，变成道德的良心；上帝统治人世，也借助于同样的赏罚制度。各人所享受的保护及幸福的程度便看他如

何满足道德的要求而定；他有一种安全的感觉以抵御外界及人类环境的危险，而这个感觉即以其爱上帝及自觉上帝爱他的意识为基础。最后，他在祈祷时，想要直接影响神的意志，从而，确信自己分享神的万能。

我相信你们听我讲演时，心内必已发生许多问题，要求答复，我在此时此地却还不能作答，但是我很相信这些问题可无一能动 225
摇我们的这个论断：就是，宗教的世界观决定于儿童时期的情境。尤其可以注意的是这个世界观虽有它的幼稚性，但仍有其先驱。无疑他，过去必定有一既无宗教，复无上帝的时期。这便叫做泛灵论时期(the age of animism)。甚至在此时期，世界上已有许多具有人形的灵怪(叫做恶魔)，外界一切物体都可成为它们的住处，或竟和它们同为一类事物，可没有一种至高无上的势力能够产生它们，统制它们，并可望保卫和帮助它们。泛灵论时期的恶魔常与人为敌。但人在那时似较后来有更大的自信心。他当然也常怕这些恶魔，但能用某种他认为有力量将它们赶走的行动保护自己。他在其他方面也未尝自认全无力量。他若有求于自然——例如，雨——便不祷告于气象神之前，但用一种符咒，以期对于自然施予直接的影响；他自制一些类似于雨之物。他和环境势力作斗争的第一种工具便为魔术，魔术就是近代工业技术的先河。我们以为这个对魔术的信任是由于个体过高估价他自己的理智活动，和相信思想的万能，与见于强迫性神经症者一样。我们也许可想象那 226
个时代的人们特别夸大其语言的知识，因为既有语言，思想必远较便利。他们以为说出的字有魔术的力量。这个意见后乃为宗教所吸收。“上帝说：要有日光，便有了日光。”但魔术活动的事实，表明

泛灵论时期的人也不完全信赖他自己欲望的势力。他欲求事之成，便实行一种动作，使自然仿效它。他需要雨，便亲自放出流水；他欲求泥土达到丰收，便在田野上作性交的行动以贡献于泥土。

你们要知道任何事物只须一旦有了心理的表示，便可永久存在。因此，若有人告诉你们，说泛灵论时期的许多信仰至今多半存在于宗教之内，成为我们所称的迷信，你们便可不必惊怪了。但不仅以此为止，你们尚不能不觉得我们的哲学仍留有泛灵论的思想的要质，如对于字的魔力的过高估价及思想可以决定外界现实历程的信仰。总之，哲学是没有魔术措施的泛灵论。反过来说，我们当知道泛灵论时期之内，已有一种道德的规律统制人际的关系。

227 但是这些规律是否和泛灵论的信仰相关甚切，还没有相当的证据。也许它们乃为权力及实际需要的分配的直接表示。

由泛灵论进为宗教的过渡究竟受何种因素的控制，我们当然很愿意知道；但是你们要明白人类心灵进化的经过，在这个远古时期内，还深埋在烟雾之中。似可设想，宗教表现的最早形式是图腾主义或对于动物崇拜的形式，在此种崇拜的过程中产生了第一种道德的要求，即种种禁忌(taboos)。我曾在《图腾与禁忌》(Totem und Tabu)一书内，认为这个过渡的变化可追溯到人类家庭关系的大变动。宗教的主要功绩，如果与泛灵论相比，便在于使人不再畏惧妖魔。但是恶魔在宗教的系统之内，仍有其地位，为古代的灵活论留一遗迹。

宗教世界观的史前期已略如上文所述。现在可进述其后来的经过及我们亲历的现状。自然历程的观察既增加科学精神的力量，后来便将宗教看作人事，使它受批判的考察。可是宗教通不过这种考验。第一，神的奇迹的记载引起了惊异和怀疑，因为它们与清醒观察所教导的一切互相抵触，而又太暴露出人类想象的影响。第二，宗教对于宇宙性质的论述又须受到我们的驳斥，因为它缺乏古代历史的知识，同时由于自然的法则日益为人类所熟悉，宗教已 228
早丧失其权威。宇宙的创造和人的出生都通过相同的创造活动的观念似不再为自明的假说了。因为生物和无生物的区别已为人人所知，乃足使原有的泛灵论没有留存的可能，此外，我们也不能不注意不同的宗教体系的比较研究的影响及互相排斥的印象。

科学作出了这种准备的努力以后，终乃敢于检验宗教世界观中的最重要而最有情绪色彩的原理。宗教断言只要人能完成某些伦理的义务，就能予以保护和幸福。其实，人们早已知道，这是不值得相信的，但只是到了许久之后才敢公然说出口。宇宙中似未尝有一种势力以父母亲的慈爱，关怀各人的幸福和快乐的结局。相反，人之遭遇和普遍仁爱或普遍公道的原则是互相抵触的。地震，大水和火灾，不分善人和恶人，也不分宗教家和无信仰者，都同受其害，我们纵使将无生命的自然暂置不论，单论各人相互的关系及其遭遇，则善人得福，恶人得祸之说也未必然，有时狡猾凶恶之 229
人反能得到世上一切可欲之物，而圣洁贤士却两袖清风，一无所得。黑暗冷酷的势力决定了人之命运；而宗教所称的统治人世的赏罚制度则似不存在。宗教中的泛灵论所以复有一部分见弃于人，这也是一个原因。

对于宗教世界观的最后判断应归功于精神分析，精神分析以儿童期的无能为宗教的起源，以成人所有儿童期的欲望和需要为宗教的内容。这个见解非即意味着驳斥宗教，但也有必要缓和其

说，至少在某一点上不免和宗教冲突，因为宗教自称有神圣的起源。我们对于上帝的诠释如果可信，则宗教的这种自夸当也是不谬的。

因此，科学对于宗教的世界观的最后的判断有如下文所述。各种不同的宗教虽都互相争夸其独具真理，但由我们的观点看来，宗教的真理可完全不必计较。我们生活于感性的宇宙之内，由于生命及心理的需要，结果乃在心内发展而成一种欲望的宇宙，宗教即欲以此欲望的宇宙控制感性的宇宙。但是它可不能完成其目的。它的学说带有人类的无知的幼稚时代的烙印。它给的安慰因
230 而不值得信赖。经验昭示我们，世界不是一个育婴院。宗教所借重的伦理规律，尚需要他种基础，因为人类社会不能没有这些规律而存在，对于这些规律的服从如必和宗教信仰发生关系，那是很危险的。我们如欲使宗教在人类进化中占一地位，则它似非永久存在的一种制度，而是和文明人由儿童期进为成年期所须经过的神经症互相平行的东西。

你们可任意批评我这些话，我想不如在你们尚未开口以前，我却先行作复。我的关于宗教的世界观逐渐破碎的话，当然是整个故事的一个不完全的节要；各种不同事件的程序都没有完全正确的论述，其促成科学精神兴起的各种力量的合作也未曾加以追究。他如宗教世界观在拥有最高权威时，及其后受到觉悟后的批评时所有本身的改变也置而未述。最后，严格地说，我又将我的讨论局限于一种宗教，即西方人的宗教。我似唯求其说得快，说得动听，故特构成一种近似通俗的形象。我的知识是否充足可使我说得更妥适或更完满的问题，现可暂置而勿论。我知道我这些话，也曾见

于他处，而且说得较为妥切；这里没有一句话是新颖的。但是我坚决相信关于宗教问题所依据的材料即使加以最细心的推敲，也不 231
至于动摇我们这些结论。

你们要知道科学精神和宗教世界观的斗争没有终止；且延续至今天。精神分析虽照例不愿以论辩为工具，我们却也很高兴研究这个争论。我们也许较明了地了解我们对于世界观的态度。你们当知道宗教家所提出的论点，有些虽或易为人所驳斥，有些是可以自圆其说的。

宗教家的第一个抗议以为科学不应取宗教为其研究的题材，因为宗教是高尚的，超出于人类所能了解者之上，非批判所应及。换句话说，科学不配坐批宗教。科学倘以它自己的范围为限，固有其效用和价值；但是宗教不在这个范围之内，科学和宗教本属风马牛不相及。我们如果不屈服于这个率直的抗辩，且欲问宗教有何理由自称在人类生活中占如此优越的地位，我们如有得到答复的荣幸，那一答复便将以为宗教非人类的标准所能衡量，因为它系由神所创，并由人类心灵所不能领会的一种神灵给我们启示。这个论点是最易受人驳斥的；因为它显然陷入了“窃取论点”①的谬误。有无神灵及天启，乃是我们首先须探究的问题；宗教家若说神是无 232
可探究的，因此，这个问题非我们所能问，那么他的答复必不能使我们悦服。这里所有的情境和分析治疗有时遇到的情境相同。假使有一位本属聪明的病者，以极不通的理由反抗一种暗示，那么他这一种反抗必有一强烈的情绪的动机。

① begging the question，一译“丐词”。——译者

也许还有一种答复公然承认了这种动机。譬如说宗教不应受批判的探究，因为它是人类心灵的最高贵的产物，使最深奥的情感得一表示，是世界和人生值得留恋的唯一宝物。我们可不必驳回宗教的这种估价，但愿请大家注意另一方面。必须指出，不是科学侵入宗教的范围，而是宗教侵入了科学思想的范围。宗教无论有何种重要及价值，但决没有权利限制思维，没有权利将自己除外而不受思想的制裁。

科学的思想在实质上和信仰者及无信仰者处理日常事件所应
233 用的正常思想，并无不同。它只是在某些方面采取一种特殊的方式；它的兴趣兼及于本无直接实用的事物，它力图避免个人的因素及情绪的影响，对结论所根据的感官知觉的可靠性细心检验，设法求得日常方法所不易得到的新知觉，且复有意应用不同的实验，将这些新经验的决定因素一一隔离。它的目的在求符合于现实或不依赖我们而存在于外界的东西，也就是由经验看来，与我们的欲望满足或挫折有决定性关系的事物。而与现实外界符合的便被我们称为真理。这就是科学研究的目的，尽管对这种研究的实用价值，我们不感兴趣。因此，宗教如果自称能代替科学，或竟是有益的，可贵的，故必为真理，那么我们为大家的利益起见，只得斥之为对科学的侵犯。人们已学得如何根据经验的规律，尊重实在的情境以处理其日常的事务，现在若要他将切身的利害完全信托于自由行使职能而不受理性思想控制的一种权威，便未免要求过分了。至于有关宗教允许给信仰者护佑，我却有一比喻，如汽车司机告诉
234 我们说他开车，不受道路规程的约束，而仅凭想象的冲动，我想决没有人敢坐他的汽车的。

宗教为求自己留存于世起见，而限制人的思想，结果必可使个人和社会同受其害。据分析的经验，这种禁令当初虽仅局限于某一方面，后来却即有扩大的趋势，成为人生严受压制的原因。妇女受了这种限制，甚至不敢思及人性的性的方面。古代名人的传记表明他们几乎都因宗教限制思想而受到可悲的结果。反之，理智（或用一个较为熟悉的名词理性）是属于这样一种势力，这种势力可望有统一人的思想的功效——可是人也是动物，只有经过最艰苦的努力才能联合起来，因此，也难有控制的可能。试想每人如果各有他个人的乘法表及度量衡的单位，人类的社会如何可能形成呢？我们对于未来的最大希望便在求理智——科学的精神或理性——终究能统制人类的心灵。真正的理性可必不至于不给人类的情绪及其有关事物以应有的地位。但这种理性统治所给大家的公压力将可为统一人类的最大的力量，且可为进一步的统一作好准备。无论何事，凡是反抗这种发展的如宗教对于思想的禁令，都 235
可成为人类未来的危险。

我们也许会问宗教何以不将此失败的战斗作一结束而宣告于世，说："我确不能给你们以你们所称的真理：你们欲求这种真理，须转向于科学。但我要给你们的，比你所能得自科学的，要更美丽，更愉快，更高尚。因此，我告诉你们宗教的真理是种类不同，性质超越的真理。"宗教何以不如此宣告于世的原因不难推想而知。它若承认了这一点，将不免对于人民大众失去了一切力量。一般的人只知道一种真理——即一般人所称的真理。至于较高尚或最高尚的真理究有何种意义，便非他所能想象的了。由他看来，真理和死亡相同，不能有程度的差异，他可不能由美作必要的跳跃而至

于真。也许你们跟我都同意认为他在这一点上是正确的。

因此,这个斗争尚未终结。赞成宗教世界观的人们,遵循着“最好的防御乃为进攻”的旧格言而行动。他们问:“何物科学乃敢轻视我们数千年来普度众生的宗教吗?科学究曾有何种功绩呢?它能给我们以更好的希望吗?据它自称,它是不能给我们安慰,使我们高尚的。因此,这种利益虽极重要,现在可暂置不论,然而它所给我们的知识究竟还有何种价值呢?它能告诉我们,宇宙如何
236 创始,如何结局吗?它能给我们一种一贯的宇宙观吗?它能指示我们,生命之未经解释的现象如何解释,或精神的力量如何感知无生物呢?假使它能如此,我们便向它致敬。然而它不能如此,这种问题它没有解决过一个。它只是给我们知识的不相协调的碎片,由事物的整体之中收集互相一致的观察,美其名为定律而予以任意的诠释。它的结论完全不确切。它所教导的都是仅有暂时性的真理;因此,今天以为是最高的智慧,明天便为他人的实验所推翻了。最晚出的错误便被定名为真理。却要我们为这种真理而牺牲最高的善!”

诸君——你们若自认为科学世界观的拥护者,想不至为这种批评家的攻击而动摇。在帝政的奥国时期,曾流行着一种传说,我愿在此一述。有一次老皇帝在接待他所不喜欢的政党代表时,他动了气,说:“这不再是寻常的反抗,而是结党背叛的反抗。”同样,你们也可觉得由于科学不能解决宇宙之谜而对它的责备也是不公平的、恶意的夸大。科学没有太多的时间作出这个惊人的成就。它还很年轻,只是近来发展的人类活动。举几个历史日期来说吧。
237 我们要记得自从开普勒发现行星运行的定律至今仅有三百年;将

日光分析为光谱色而又提倡地心吸力说的牛顿卒于1727年，即二百余年之前；拉瓦锡发现氧气约稍前于法国革命。我现在可算是年纪很大的老人，但以之与人类发展的全时期相比，则个人的生命为时甚暂，查理·达尔文刊布其物种起源时，我已出世了。发现镭的彼埃尔·居里生于同年，即1859年。你们若逆溯精密的自然科学的创始于希腊人，于阿基米得，或于哥白尼的先驱萨莫斯的阿里斯塔克（Aristarchus of Samos），约当纪元前250年，或竟逆溯至巴比伦人创始的天文学，也不过在人类学所规定的从猿进化为人类的十万余年的长时期中的一个小小的片段。我们还要记得前世纪的新发见如此之多，科学的进展如此迅速，便足使我们对于科学的未来抱有无限的希望。

他种抗议在某种限度内，我们得承认其有效。譬如科学的进行是缓慢的，是试探的，费力的，对此我们不能否认，也无法改变。无怪那些反抗科学的人深感不满；认为依靠他们的天启（revela- 238
tion）反较从容安逸。科学研究的进展无异精神分析。分析者在工作时带着期望，但是他须将这些期望置于脑后。他凭观察而屡有新的发见，但在开始时不易将这些发见造成系统。他乃引用概念，提出假说，假说倘无从证实，便复根本取消，他须富有忍耐力，准备迎接种种可能，不急于作结论，以免忽略新的意外的因素。这整个努力终有成效，零散的发见有了系统，他乃得了解心理事实的全部线索；他既完成了一种工作，乃开始从事于其次。但分析者和其他科学研究者也有一点不同：就是他在探究时不能利用实验的帮助。

但是我所引的关于科学的批评，也有许多言过其实之处。科学不是盲目地由这种企图转变为他种企图，这一错误改换作另一错误。科学家的工作有如一个雕刻师，用一黏土模型，不断地更动其初次的样稿，或增或减，到了后来，乃得类似于看见的或想象的人物。至少较老年而较成熟的科学都仅就已有的基本知识加以改造、加工，而不是破坏。所以科学的前途决不是那样黯淡的。

最后，贬斥科学究竟有何种目的呢？科学尽管现在有缺点及
239 内在的困难，但它为我们所不可或缺，也非他物所能替代。它的可
能进步绝无止境，至于宗教世界观则不然。它的要点完美无缺，如
有错误，便永久不改。任何蔑视科学重要性的企图都无法改变这
个事实：就是科学总要考虑我们对现实外界的依赖，反之，宗教则
为错觉，它的势力来源于我们的本能欲望。

现在便须进而叙述与科学相反的他种世界观了；但是我这样做是违反意愿的，因为我自知没有判断它们的资格。因此，我希望你们听我所欲说的话时，须记得我这个自供，假使你有兴趣，请参考更可信赖的著作。

第一，我须于此举出几种讨论宇宙的哲学体系。但是我已对于哲学及其方法作一概括，我相信我之不配批评各种哲学体系，比任何人为甚。因此，我改请你们注意于现在尤难忽视的两种现象。

240 第一种我想提起的是与政治的无政府主义相当的或竟由这种
主义产生的世界观。这种知识界的虚无主义者，虽说是前已有之，
但是到了现在，则更受了物理学相对论的影响。他们虽然是由科
学出发的，但似乎要推翻科学，逼它自杀；因为他们使科学否认自
己的前提。我们常觉得这种虚无主义只是一种暂时的态度，保持
到科学根本推翻时为止。科学既被推翻，则代之而起的当为某种

神秘主义或旧的宗教的世界观。依据这个无政府主义，人世上便没有所谓真理或关于外界的正确的知识。所谓科学的真理也只是在各时期不同的外界情境中所形成的需要和欲望的产物；或者可以说，它又是错觉了。总之，我们只是求其所欲求，而见其所欲见，此外就别无可能了。真理的标准或与外界的相关性，既不存在，所以无论我们采用何种见解都毫无关系，都可能是真的，也都可能是伪的。谁也没有攻击谁的错误的权利。

对于认识论感有兴趣的学者也许要研究无政府主义者究竟用何种诡辩的方法从科学出发导致这种结论。谁都无疑地由于教养的结果，反对这样的情境，像大家熟悉的那个克利特岛的先知，他说，凡是克利特岛人都是说谎者[①]。但是我可不愿，也不能对此作 241
更深奥的探索。我只要指出无政府主义学说仅就抽象事物的意见而言才可维持其尊严；和实际生活一有接触，即不免于崩溃了。人的行为受意见及知识的指导；同样的科学思想研究原子的构造或人类的起源，也从事于研究如何建造一条能载重的桥梁。假使信仰与实际无关，假使知识不因它符合现实而与意见有所区别，那么我们尽可造一纸桥而不造石桥，或为病人注射十分之一克的吗啡，而不注射百分之一克，或采用催泪毒气(tear-gas)为麻醉药而不采用以太。然而知识界的无政府主义者本人也必强烈反对他们的学说的这种实际的应用。

还有另一种相反的世界观，我们便须更慎重地加以讨论，不过我很抱歉，我在这方面的知识太不够了。我敢说你们对于这个问

① 见《圣经·新约·提多书》第1章。——编者

题都比我有更充分的知识，且早已决定拥护或反抗马克思主义。
马克思研究社会的经济结构及各种经济组织的方式对于人类各方
面生活的影响，到了现在已成为一种不能否认的权威了。他在细
节上的正确与否的程度如何，自然非我所能知，我想即使知识更加
242 丰富的学者对此也不易决定。马克思学说有几个命题在我看来，
似觉费解，例如社会形式的进化是一种自然史的历程或社会阶层
依照一种辩证法的历程而彼此转变。这些话有什么意义，我不敢
说能了解；听起来不像唯物主义，而类似于晦涩难解的黑格尔哲
学，因为马克思曾有一个时期受过这种哲学的影响。我和一般人
的见解相同，以为社会阶级的形成乃为有史以来的部落斗争的结
果，我不知道如何能放弃这个见解。这些部落彼此略有差异；我的
观点以为社会差异归因于部落或种族的这些原始的差异。心理的
因素如部落中体质好斗和坚强团结的程度，物质的因素如优越的
武器，便决定了谁胜谁败。他们既生活于同一土地之内，胜者为
主，败者为奴。凡此一切都没有自然法则或概念变化的标记，反
之，我们不能不承认对于自然力的进步的控制足以使人际的社会
关系受其影响，因为人常以新获得的势力为侵略服务，借以彼此斗
争。金属铜铁的引进结束了整个文化的时期及社会的制度。我确
243 信火药，火器推翻了武士制度及贵族的统治；而俄国的专制政治在
战争失败之前已早被宣告了死刑，因为不管欧洲的皇室如何盛行
近亲繁殖也不能产生一族俄皇能抵抗革命的爆发动力。

大战后所有目前的经济危机或许只是给征服天空付出的代价。这句话，似不很可信，但至少其理由却不难明白。英伦的政策本以其四面环海的安全为基础。一旦布雷里奥的单翼飞机跨越英

法海峡而过，这种环海的安全便完全失去了保证；在和平时的夜晚，一架德国齐柏林试飞伦敦的上空，便真个对德战争了。（作者附注：“我在大战第一年由可靠的权威告以这个消息。”）至于潜水艇的威胁在此也不应忘记。

我几乎很惭愧，对于这种重大复杂的问题只能作这样的轻描
淡写，而且我还知道我所说的在你们听来都是明日黄花。我只要
你们注意人类控制自然的结果既给他们以互相斗争的工具，自不
能不使其经济的安排受其影响。我们离开世界观问题似已很远，
但不久即可复言归正传。马克思主义的力量不在于它对历史的见
解，也不在于它的以此见解而对未来的预测，而在于它深刻理解了 244
人类的经济状况对于学术、伦理及艺术反应的影响。因此，它乃发
见了从前完全为人忽略的整个因果关系。然而我们可不能假定经
济的动机是决定社会中人的行为的唯一动机。不同的个人，种族
及国家在相同的经济状况下而有不同的行为，足见经济的因素不
是唯一的决定原因。我们可不能了解研究活人的行为如何能忽略
心理的因素；不仅这种因素和经济基础的建设有关，而且即使人受
这些条件控制时，也只能动员其原始的本能冲动——如自存本能，
攻击本能，爱的需要，求乐避苦冲动等。前次演讲曾侧重超我的地
位，因为超我代表古代的风尚及理想，并有时抵抗新的经济情境的
压迫。我们还须记得一般人虽受经济需要的控制，但也受文化发
展历程的影响，文化虽和其他一切因素有密切的关系，但其起源则
不决定于这些因素；文化好如一种有机历程，能使其他因素受其影
响。它代替了本能的目的，使人们反抗从前所能忍受之事；而科学 245
精神的加强似为文化的一个要素。假使有人能详示这些不同的因

素——如一般的人类的本能倾向，种族的变异，文化的改造——如何受各种社会组织，专业活动，生存方法的影响而有所变化，或这些因素如何相互制止或助长，那么他将不仅改进了马克思主义，而且使马克思主义变成了一种真正的社会科学。因为社会学讨论人在社会中的行为，也就是一种应用心理学。老实说，科学只有两种：即心理学，纯理的及应用的，和自然科学。

经济情况的深远重要性既终于开始为人所注意，就要以革命手段引起它们的改革，而不要听任历史的发展而导致变化。理论的马克思主义，既由俄国的布尔什维主义予以实施，乃得有一种世界观的力量，广泛性及独占性，同时却和它自己所反抗的对象非常类似。它本身原为科学的一部分，且也在它实现时，建立于科学及技术之上，然终不免给思想颁布禁令和从前宗教的禁令同其残酷。

246 对马克思学说的任何批评均在禁止之列；对于它的真确性的怀疑都受惩罚，和旧教教会惩罚邪说正复相同。马克思的著作在俄国已代替了《圣经》和《古兰经》的地位，虽然这些著作中所有的矛盾和难度也不亚于古代的圣书。

实际的马克思主义虽扫荡了一切唯心主义的制度及错觉，毫不留情，但它本身也发展了错觉，其可怀疑及无从证实的程度正复相等。它希望以数代相传，即将人们改造，使能生活于社会的新秩序之中，无所抵触，且也能自愿工作。同时它又排除了社会所不能缺少的本能的障碍，使威胁人类社会的攻击趋势转向于外，得贫者的拥护以反对富者，得一向无权者的拥护以反对过去有权者。但这种人性的改造是很难实现的。当新秩序尚未完善而感受外力威胁时，群众对布尔什维克领导是拥护的，到了将来在完全建成而不再有外患危险时，便难以保证了。布尔什维主义正如宗教一样，不得不对其信仰者许诺未来的生活必较幸福，没有不满足的需要，以补偿其目前生活的苦痛和贫乏。这个天堂是会在这个世界实现的，是会在地球上建立的，且复在适当时间内落成的。但是让我们 247
记起犹太人的宗教对死后生活本无所知，却也期望救世主降临人世，而基督教的中世纪也常相信天国的来临。

布尔什维主义对于这些批评，如何答复，是无可怀疑的。它将以为“人类如果未改其本性，我们便不得不用现在有效的方法。教育不能不强迫，思想不能不压制，甚至应用势力而至于流血；我们若不给人以你所称的‘错觉’，便将无法使他们受此强制了。”它也许客气地问我们有何较好的办法。我们于此当然无力答复，不知道有何良策可以奉献。我可承认这个实验的情境足以使我及和我相类似的人们不敢尝试；但是我们还不是唯一有关的人。有些实行家，信仰坚定，绝无怀疑，更不感觉那些人走向他们的目标时的痛苦。因为有了这种人，所以建立社会新秩序的艰巨的尝试正在俄国进行着。当各大国宣称欲单靠信仰基督教以得救时，俄国的大变革似乎令人希望有较好的未来。不幸得很，我们自己的疑惧和他们的宏伟的信仰都无法使我们揣测这个实验有何结果。未来可以给我们教育。也许使我们知道这种尝试实行过早，我们如果 248
没有新发现以增加我们对于自然力的控制，而使我们的需要满足较易，则社会秩序的基本的改造必少成功的希望。也许只是到了那时，才可有一种新的社会秩序，不仅消灭人群的物质的缺乏，且复满足个人文化的要求。但即属如此，我们仍须有一很长的时期，才能征服人之阻碍各种社会生活的不易抵抗的本性。

诸君——在结束时，我们可将关于精神分析和世界观问题的关系作一总结。由我看来，精神分析不能产生它自己所特有的世界观。它也无此需要，因为它是科学的一个分支，要赞助科学的世界观。但是科学的世界观几难配得上这种高尚的名称，因为它没有将一切都包举在内，它是不完全的，本没有包罗万象，造成一个体系的雄心。科学的思想还很幼稚；有许多大问题，它尚无法应付。科学的世界观除了要侧重现实的世界外，主要是消极性的，例如仅以真理为限而否认一切错觉。那些不满意于这种情况而为其
249 心灵的暂时的安宁更有所求的人尽可求之于能有所得之处。他们这样做，我们不责备他们；但是我们不辅助他们，也不能因为他们的缘故，而改变我们的思想的方法。

索　　引

（本索引是根据英文版索引编制的，略有增补。页码是英文本原书页码，即本书边码。）

B

E

F

G

H

N

O

P

R

S

T

U

V

W

（东尔编）

图书在版编目(CIP)数据

精神分析引论新编/(奥)弗洛伊德著;高觉敷译.—北京:商务印书馆,2017
(汉译世界学术名著丛书:120年纪念版:珍藏本)
ISBN 978-7-100-14861-0

Ⅰ.①精… Ⅱ.①弗… ②高… Ⅲ.①精神分析—概论 Ⅳ.①B84-065

中国版本图书馆CIP数据核字(2017)第158724号

汉译世界学术名著丛书
(120年纪念版·珍藏本)
精神分析引论新编
〔奥〕弗洛伊德 著
高觉敷 译

商务印书馆出版
(北京王府井大街36号 邮政编码100710)
商务印书馆发行
北京冠中印刷厂印刷
ISBN 978-7-100-14861-0

2017年12月第1版 开本710×1000 1/16
2017年12月北京第1次印刷 印张12
定价:60.00元